La supervision des coachs

Enjeux, pratique et méthode

Éditions d'Organisation
Groupe Eyrolles
61, bd Saint-Germain
75240 Paris cedex 05

www.editions-organisation.com
www.editions-eyrolles.com

Pour écrire aux auteurs :
Danièle Darmouni

International MOZAIK
l'école du devenir

14 bis, rue de Milan – 75009 Paris
Tél. : +33 1 53 20 11 94 – Fax : +33 1 53 20 09 65
Contact : daniele.darmouni@mozaik.fr

René-David Hadjadj

4, rue Papillon – 75009 Paris
Tél. : +33 142 00 10 11 – Fax : +33 1 44 83 08 38
Contact : rdhaevolis@aol.com

© Groupe Eyrolles, 2010
ISBN : 978-2-212-54672-9

Danièle Darmouni
René-David Hadjadj

La supervision des coachs

Enjeux, *pratique et méthode*

EYROLLES

Éditions d'Organisation

À Guillaume et Olivier

À mon père et à Carlo

« Il n'y a rien de plus important en amour que d'accepter la fragilité de l'autre : c'est ce que j'appelle la douceur. Et rien de plus important dans la sagesse que d'accepter sa propre fragilité, c'est ce que l'on appelle : l'humilité. »
André Comte-Sponville

Sommaire

Partie II • Ce qui se joue en supervision

Partie III • Les étapes dans le choix de la supervision

Partie IV • Quelques propositions pour aller plus loin

Préface

Pourquoi y a-t-il de la supervision plutôt que rien ? Cette interrogation à la Spinoza fut longtemps la mienne. Fasciné par le coaching et sa force de transformation des individus, des groupes et des organisations, convaincu de la nécessité de professionnaliser l'accompagnement d'autrui en situation professionnelle, la prétendue exigence de supervision ne représentait pourtant à mes yeux qu'une sorte de posture, pour ne pas dire une coquetterie intellectuelle visant à faire se rapprocher les coachs de ces autres professionnels de l'accompagnement que sont les psys et autres thérapeutes. Je ne voyais là qu'une contrainte autoproclamée par les professionnels de la discipline afin de maintenir coûte que coûte, sous couvert de qualité et de déontologie, leur contrôle sur les praticiens. Bref, je me suis beaucoup méfié de la supervision et des superviseurs ! Et c'est en grande partie grâce aux auteurs de cet ouvrage que je sais aujourd'hui pourquoi j'avais tort. Mais je sais aussi que, comme Danièle Darmouni et René-David Hadjadj sont mes amis, ils m'ont depuis pardonné mes multiples amalgames et raccourcis sur le sujet, lesquels alimentèrent tant de conversations passionnées au fil des dernières années.

La lecture de cet ouvrage met d'ailleurs clairement en évidence que la question de fond n'est pas « pourquoi se faire superviser ? » mais bien « pourquoi ne pas le faire ? », la résistance à la posture de supervision étant tout à fait emblématique du risque porté par ce refus, tant pour le coach que pour ceux qu'il accompagne. Mais les auteurs dépassent très rapidement cette question d'ouverture pour mettre en évidence ce qui fait justement la spécificité de cette pratique dans l'univers original des coachs professionnels. Et ils vont d'ailleurs encore plus loin.

Le premier apport de l'ouvrage de Danièle Darmouni et René-David Hadjadj est qu'il constitue, sur un sujet complexe, une double tentative de clarification. Il met tout d'abord de la lumière sur l'offre de supervision elle-même afin d'en extraire une sorte de cartographie permettant au praticien d'y trouver son chemin tout en limitant le risque de s'égarer sur les voies sans issue. Mais il met aussi en lumière les enjeux essentiels de cette pratique, enjeux allant bien au-delà de la seule « maintenance » professionnelle du coach face à ses pratiques.

On est frappé, à la lecture des développements proposés, par l'ambivalence fondamentale du rapport d'accompagnement. Par définition fonctionnel et bienveillant (chercher à faire avancer l'autre à travers l'exploration de pistes innovantes et adaptées), tout coach peut, à tout instant, déraper dans la manipulation et l'influence frauduleuse. Car accompagner, c'est aussi – si l'on n'y prend garde – courir le risque de prendre le pouvoir sur l'autre et de détourner l'énergie et la puissance vers des impasses, voire des précipices...

Mais c'est aussi la raison pour laquelle l'ouvrage de Danièle Darmouni et René-David Hadjadj va beaucoup plus loin. Démarré comme un ouvrage technique sur la supervision, il se transforme rapidement en une réflexion fondamentale sur l'exercice du pouvoir (de tous les pouvoirs, pourrait-on dire) et sur la nécessité de le réguler. La supervision n'est plus donc ici qu'un prétexte, disons un angle d'attaque permettant de revisiter tout ce qui fait la dynamique de la relation d'influence au sein de la société en général et des organisations en particulier. À ce titre, en tant que professeur-chercheur dans les domaines du leadership, j'ai été particulièrement frappé par ce qui constitue, à mes yeux, l'apport fondamental de cet ouvrage, celui qui consiste à passer de la notion classique de

« contrat » à celle, beaucoup plus puissante, de « pacte ». Passer un contrat avec un client, une entreprise ou un pays est une chose ; sceller un pacte avec un être humain, une communauté ou une nation en est une autre. Ce qui fait la modernité du pacte par rapport au contrat, pour reprendre les mots mêmes des auteurs, c'est que le pacte reste certes un engagement mutuel, mais *« complété par une démarche d'alliance des différentes parties en présence »* visant à la fois à *« établir la relation sur des engagements et une éthique »* et à *« donner au coaching des fondations solides pour le déploiement de la puissance d'action des personnes coachées »*. Telle est donc la raison d'être fondamentale de la supervision, à savoir la création – entre le coach et le coaché – des conditions d'une puissance juste, établie dans l'optique d'un pacte d'alliance dégagé des scories des jeux de pouvoir et de la volonté de toute-puissance.

On connaît cette idée, désormais acceptée, selon laquelle la technique s'arrête là où l'éthique commence. Cet ouvrage relève avec brio ce défi consistant à faire cohabiter la double posture du début à la fin en ne sacrifiant jamais l'une ou l'autre dimension, la rigueur technique se nourrissant à chaque page de l'exigence éthique portée par la pratique.

Danièle Darmouni et René-David Hadjadj nous offrent ici non seulement un ouvrage fondamental sur une pratique essentielle dans le monde des coachs professionnels, mais aussi et surtout une réflexion sans concession sur le courage et la responsabilité dans les métiers d'accompagnement.

Les auteurs, à travers une réflexion fluide et nourrie par des années de pratique, parviennent même avec finesse à nous faire comprendre, en fin de course, que le premier savoir-faire de celui qui se targue d'accompagner les autres est déjà de savoir se faire accompagner par d'autres.

Car si l'aventure de la supervision est bien celle de la relation avec un autre, elle demeure aussi celle de la relation avec soi-même. À l'heure où je refermais l'ouvrage de Danièle et David, cette simple idée s'imposait à moi, qui ne suis pourtant ni coach ni superviseur : *chaque fois que je décide d'accompagner quelqu'un et que je me mets à cheminer à ses côtés, c'est d'abord mon propre processus d'autoaccompagnement qui se remet en marche…*

Philippe GABILLIET
Professeur à ESCP Europe (Paris)

Les questions que vous avez toujours eu envie de poser

La naissance d'un livre a forcément une incidence sur son contenu. *« Tout est au commencement »* dit-on, et lorsque fin 2008 s'accumulaient les nouvelles désastreuses du monde économique, nous évoquions l'intérêt de coécrire un ouvrage sur les spécificités de la « supervision » destinée aux professionnels du coaching qui accompagnent au quotidien les personnes, les équipes et les organisations. Nous voulions proposer une façon différente de faire face à cette crise et permettre de se doter d'autres moyens pour en accompagner la sortie ! Nous voulions certainement proposer une note d'espoir, une projection optimiste dans le futur.

Ce sujet semblait purement « technique » et pourtant l'enjeu d'un véritable essor pour ce nouveau métier qu'est le coaching passe par une réelle autorégulation, que seule l'appartenance à une association professionnelle saurait réaliser : notre postulat étant que la supervision est un formidable moyen d'accompagner l'évolution.

Trop de coachs exerçaient encore sans recourir à une supervision. Certains parce qu'ils n'imaginaient pas ce qu'elle pouvait leur apporter, d'autres parce qu'ils ne savaient pas à qui s'adresser parmi les offres multiples émanant de toutes sortes de « professionnels », d'autres encore s'interrogeaient sur...

Dès sa création en 1997, l'Association française de coaching (SFCoach) puis, en 2003, le Conseil européen du *mentoring* et du coaching (EMCC regroupant de nombreuses associations européennes) ont inscrit dans leur code de déontologie l'obligation pour le coach d'être suivi en supervision pour être reconnu comme un professionnel (voir en annexe).

D'où vient cette exigence qui marque dès ses débuts ce métier pourtant récent ? Les premiers coachs professionnels (1993-1997) étaient le plus souvent issus des métiers de la relation d'aide, métiers qui imposaient déjà l'obligation d'une supervision pour pouvoir exercer. Cette exigence relevait aussi d'une intuition très juste sur la nécessité d'une forme de protection pour le client comme pour le coach. *Protection contre quoi, et est-ce le seul intérêt de la supervision ? En quoi la supervision de coaching est-elle spécifique ?*

Ce livre tente de répondre à ces questions dans le contexte actuel, caractérisé d'un côté par le principe de précaution, le doute et la perte de confiance dans les gens de pouvoir et, de l'autre, par le besoin de liberté, de diversité et l'envie de secouer les vieux carcans pour améliorer la qualité de vie en société. Dès 2007, les principales associations regroupant les coachs du monde entier participent à un important projet commun[1] ayant pour but de recommander des normes et une éthique spécifiques à la supervision de coaching (extraits du rapport publié en 2008 en annexe). Nous souhaitons continuer ici cette recherche et exposer notre point de vue : nous pensons que l'essentiel du métier de coach est de proposer un contexte créateur d'apprentissage au sein duquel chacun peut, s'il le désire, transformer ses façons de penser, de sentir et d'agir pour les mettre au service de la réussite de ses projets. De la qualité de la relation nouée avec les personnes accom-

---

1. Pour en savoir plus, consulter l'article de Claire Palmer publié dans le numéro d'août 2009 de *Coaching World*, la revue de l'International Coaching Federation, « Overview of the 2008 Coaching and Supervision Project », disponible sur le site : www.coachingfederation.org.

pagnées dépend le déploiement de cette puissance potentielle de réussite, et la supervision en est la clé.

Qui dit « puissance » dit aussi « toute-puissance » et « impuissance », et sous-entend les différents degrés d'abus de pouvoir, de manque d'éthique et de manipulation. Manipulation, le mot est lâché. Dans le monde des organisations, elle a toujours alimenté controverses et suspicions. Les petits traités en tout genre ne manquent pas sur le sujet et ont souvent beaucoup de succès.

« *Manager – mangera ?*[1] » dit Philippe Gabilliet : manger ou être mangé, telle est la loi de la jungle qui règne dans nos belles organisations. Rapport de force apparemment inévitable pour qui veut survivre et garder le contrôle sur le semblant de pouvoir qu'il croit détenir dans la société d'aujourd'hui.

Début 2009, avec l'aggravation des difficultés économiques et la perte de repères qui touchaient tous les niveaux de la société, s'est imposée à nous la nécessité d'une réflexion sans langue de bois sur ce thème du pouvoir, de ses dangers, de ses limites et du contexte favorable dans lequel il peut se transformer en véritable puissance de concrétisation. Concrétiser, au sens étymologique, signifie « *croître avec* ». Cet aspect du coaching, encore peu abordé, nous semble poser des questions à la fois fertiles et dérangeantes. Ces questions sont liées aux jeux et aux enjeux relationnels qui émergent dans l'entreprise autour des notions de pouvoir, de puissance, de performance et de codépendance, et qui se rejouent tout au long du processus d'accompagnement de coaching.

Nous exposerons dans cet ouvrage différents points de vue de superviseurs français et étrangers, ainsi que des témoignages de coachs supervisés. Ils nous diront comment, selon eux, la supervision peut dynamiser le développement de ce nouveau métier tout en préservant des dangers et des dérives manipulatoires.

---

1. Philippe Gabilliet, « Lettre à un jeune DRH », in *Gestion des Ressources Humaines : regards croisés en l'honneur de Bernard Galambeaud*, Economica, 2004, p. 106.

Nous ferons part en outre de notre position et de l'urgence que nous ressentons : au moment où le modèle économique, ses dirigeants et les décisions qu'ils prennent, ou ne prennent pas, sont profondément remis en cause, les coachs qui interviennent en entreprise ont, eux aussi, à interroger la qualité de leur relation avec les gens de pouvoir ainsi que leur rapport à leur propre pouvoir, à leur capacité d'oser exprimer des choix courageux et d'en assumer la responsabilité.

Un éditeur « éclairé » a bien voulu nous accueillir tout au long de ce questionnement que nous souhaitons partager avec vous.

Nous vivons depuis l'automne 2008 une « crise systémique » à rebondissements multiples. Au-delà du jargon, cela veut dire que tous les systèmes construits par les acteurs économiques sont aujourd'hui bloqués sur un fonctionnement en mode répétitif.

Un livre de plus sur la crise ? Pourquoi pas, si nous pouvons apporter notre contribution à ce qui est en train d'émerger dans l'urgence et l'incertitude, mais aussi dans un sursaut de vitalité et de renouveau. Car c'est à une mutation profonde que nous sommes confrontés, plutôt qu'à une crise de plus. Un territoire inconnu s'ouvre à nous, riche de formidables défis.

Il est urgent de penser et de vivre autrement, de laisser partir les comportements familiers pour laisser venir quelque chose de nouveau. Accompagner ce double mouvement est au cœur de notre conception du rôle de coach. Voilà ce qui nous a donné l'audace de nous lancer à deux dans cette aventure d'écriture où vont être bousculées nos certitudes sur la primauté de la transmission orale traditionnellement admise, mais aussi réveillées nos craintes de tomber dans un discours « langue de bois » déjà usé sur le sujet du management, du coaching et bientôt sur la supervision.

Comme le dit Michel Maffesoli : *« Dans les périodes de changement, il est urgent de trouver les mots les moins faux possible. Des mots qui, peu à peu, redeviennent des paroles fondatrices : c'est-à-dire assurant les assises de l'être ensemble en train d'émerger*[1]. » Parmi ces mots, celui de PACTE émerge depuis quelque temps dans la société. En supervision de coaching, le concept de pacte complète et même remplace heureusement celui de « contrat ». Le « contrat », au-delà du document administratif et commercial permettant la facturation de la mission, précise les objectifs et les modalités du coaching, ainsi que les droits et les devoirs de chacun selon la déontologie professionnelle du coach. L'élaboration de ce contrat met en relation les représentants de l'entreprise, la personne coachée et le coach. C'est une étape clé du travail du coach, car il pose les termes concrets du cadre de son travail et permet une évaluation entre tous les acteurs à la fin de la mission.

Avec la notion de PACTE, l'engagement mutuel formalisé par le contrat est confirmé, mais complété par une démarche d'alliance des différentes parties en présence, qui s'accordent pour établir leur relation sur des engagements et une éthique permettant de maintenir en continu un dialogue constructif. Cette démarche, intégrant pensées, émotions, valeurs et réalisations, donne au coaching des fondations solides pour le déploiement de la puissance d'action des personnes coachées au sein de leur environnement professionnel.

Cette qualité de relation se vit encore rarement et le coach se sent parfois bien seul, en grand danger de se trouver pris dans des jeux de pouvoir organisationnels qui se rejoueront au cours du coaching. Nous y reviendrons dans le chapitre « Comment sortir du rapport de force ? ».

Après avoir présenté, dans une première partie, le panorama de ce qui existe aujourd'hui dans le champ de la supervision de coaching, nous exposerons dans une deuxième partie ce qui se passe en supervision, puis ce qui se joue derrière les différents choix qu'implique la décision de se faire superviser, et enfin nos propositions pour la suite.

---

1. Michel Maffesoli, *Apocalypse*, CNRS Éditions, 2009.

Nous commençons seulement ici à questionner les différents enjeux dans la relation avec le client, les prescripteurs et l'entreprise dans son ensemble, enjeux qui se jouent en miroir des nouveaux enjeux relationnels du monde du travail. Cette exploration est à poursuivre.

Notre expérience nous a appris que les jeunes coachs, tout comme les professionnels confirmés, viennent aujourd'hui en supervision pour aborder les thèmes du courage, de l'autonomie par rapport à l'entreprise, d'une véritable alliance entre les différents acteurs impliqués, qui ne serait ni de la complaisance ni de la séduction.

Le coach en organisation se situe de plus en plus souvent au croisement de plusieurs positionnements, l'enjeu étant pour lui d'acquérir son autonomie par rapport aux pressions de l'entreprise pour être un véritable accompagnateur et un partenaire allié. Un allié qui a le courage de questionner les processus répétitifs destructeurs et d'entrer en confrontation si nécessaire.

C'est là que le superviseur joue pleinement son rôle, en permettant au coach de clarifier ses choix par rapport aux organisations avec lesquelles il travaille, de façon à :

- se positionner comme un réel partenaire de l'entreprise avec une mission spécifique d'accompagnement d'une personne bien identifiée, tout en gardant un regard systémique sur son environnement. De même quand il accompagne une équipe, il prend en compte l'ensemble du contexte d'évolution de l'organisation pour laquelle il intervient ;

- mettre en place une alliance solide sous forme de pacte, mais pas à n'importe quel prix : délivrer des résultats, rechercher la performance et l'excellence, oui, *mais* en tenant compte des autres *et* en prenant garde aux dangers de la manipulation ;

- communiquer dès les premiers rendez-vous sur ce qu'il peut apporter et ce qu'il ne peut pas, là où il sera confrontant, là où il sera aidant, un *supporter*... ;

- enfin, renforcer son courage et son humilité pour avancer avec ses propres peurs, son besoin d'être légitime, d'être utile et efficace, alors que seul le client décide de lui donner ce pouvoir de l'accompagner dans un réel changement, et qu'il peut le lui retirer à tout moment.

Au-delà des polémiques que suscite le coaching en tant que nouveau métier, ce livre se propose de poser ouvertement les questions qui fâchent. En même temps, il entend apporter avec la supervision de nouvelles réponses éthiques aux accusations de manipulation et autres dérives... et faire quelques propositions pour aller plus loin ensemble, afin que chacun retrouve sa puissance perdue en chemin.

Partie I

L'origine et les champs d'application

Au commencement de notre recherche, nous avons souhaité explorer ce qui existe aujourd'hui dans le champ de la supervision de coaching afin de dessiner une carte de ce nouveau territoire. À partir de témoignages, nous dressons un état des lieux provisoire de ce marché émergent en France et à l'international.

« *La carte n'est pas le territoire* » et ce panorama, forcément incomplet, ne rend pas compte de toutes les expériences intimes des superviseurs et des supervisés. En acceptant cette limite, nous avons choisi de traiter ici des questions concrètes permettant de planter les bases d'une future recherche :

– Quelles sont les origines de la supervision au sens large du terme ?

– Quels sont ses champs d'application ?

– Quelles sont les demandes que les coachs posent en supervision ?

– Est-ce que superviser des coachs est un métier à part ?

– Est-ce un métier qui s'apprend et comment ?

Nous avons également souhaité montrer en quoi la supervision des coachs est, selon nous, spécifique et essentielle aujourd'hui pour renforcer et faire évoluer le professionnalisme des coachs.

Chapitre 1

De l'idée antique à l'origine « moderne » de la supervision

La supervision est à la mode, elle est dans l'air du temps. Les coachs et leurs clients l'ont bien compris : le processus de supervision favorise la qualité du métier et met en évidence les compétences réflexives des coachs, de leurs clients et des entreprises. Au cours des dix dernières années, on a observé une progression marquée de la demande de supervision en Europe. Et forcément, quand le besoin se fait sentir, il y a pléthore d'acteurs. Comme sur tous les marchés en émergence, on y trouve tout et n'importe quoi, une cane n'y retrouverait pas ses canetons. Coachs, coachs médecins, psychiatres, psychologues, psychosociologues, psychanalystes, managers ex-dirigeants, voire autres professionnels... Tous se sont adjugé des espaces de supervision.

Plus nous avancions dans nos recherches, plus nous devenaient évidentes l'importance et l'influence de la philosophie grecque, qui fonde le processus d'évolution personnelle sur des principes d'apprentissage et de questionnement.

■ LES PRINCIPES DE LA PHILOSOPHIE SOCRATIQUE

Pour Pierre Hadot, *« la philosophie antique est avant tout une pratique de l'existence, où l'enseignement oral devient plus impor-*

tant que l'enseignement écrit. Plus que le développement d'une théorie, elle offre des réponses précises aux disciples sur une pratique spirituelle et transformative de l'existence, ce qui peut expliquer les nombreuses contradictions que l'on trouve parfois dans les écrits philosophiques de l'Antiquité : ils répondent à des demandes inscrites dans le temps, à des besoins particuliers et concrets, souvent pratiques.

Socrate[1] déclare ne rien savoir. Conscient de son ignorance, il prend dans les dialogues platoniciens la posture naïve de l'interrogateur et s'adresse à un interlocuteur qui prétend détenir une connaissance et défendre un point de vue. À chaque étape de la discussion, Socrate cherche l'accord mutuel des participants (afin de poursuivre plus avant) jusqu'au moment où l'interlocuteur doit reconnaître que son point de vue initial est en contradiction avec ce dont il vient de convenir avec le philosophe. Pour autant, Socrate ne donne nullement la "solution" au terme du dialogue (tu pensais A mais tu faisais erreur, il fallait penser B). En effet, le savoir et la vérité ne peuvent être reçus tout faits, ils doivent être engendrés par l'individu lui-même ; c'est en ce sens que Socrate joue le rôle d'un accoucheur.

Il s'agit, pour Socrate, de transformer de vagues idées en affirmations solides et cohérentes. Il converse joyeusement avec les convives, puisqu'il déclare ne rien savoir. Il n'est pas considéré comme un sage : il désire la sagesse tout en étant conscient de sa non-sagesse, ce qui l'amène à se questionner perpétuellement, ainsi que son interlocuteur.

Les dialogues de Platon[2] sont interrogatifs en ce sens qu'ils aboutissent à l'impossibilité de conclure et de formuler un savoir définitif, mais ils offrent une leçon de première importance : en découvrant la vanité de son savoir, l'interlocuteur commence à s'interroger et à se

---

1. Socrate (470-399 av. J.-C.) est un philosophe grec.
2. Platon (427-346 av. J.-C.), philosophe grec, fut un « disciple » de Socrate.

remettre en question. Cette prise de distance avec soi-même est le début de l'attitude philosophique[1] ».

Nous avons trouvé là des similitudes avec des situations de supervision (n'est-ce pas ?). La philosophie socratique met déjà en lumière le principe et l'intention : une posture de « sage/non sage » (humilité des savoirs), une interrogation permanente pour trouver un autre point de vue (remise en question et coconstruction), une volonté d'évolution personnelle commune (intention).

LES SOURCES AU XXᵉ SIÈCLE DE LA SUPERVISION

« À un moment de l'histoire de la psychanalyse, Freud affirme clairement qu'il ne suffit pas d'avoir été analysé pour devenir analyste. Il introduit la notion de formation (Ausbildung), plus proche de l'idée d'une interrogation, d'une critique de soi (dans le rapport au travail entrepris avec un patient), que de la notion de modèle[2]. » On peut voir là une des origines modernes de la supervision comme le processus reconnu depuis longtemps par le monde psychanalytique sous le nom de « contrôle » ou de « supervision ». On parle, dans ce cas, de transmission didactique avec une modalité de questionnement commun entre deux analystes, l'un étant souvent plus expérimenté que l'autre, ce qui ne lui donne pas pour autant la place de maître.

---

1. Pierre Hadot, né à Reims en 1922, professeur au Collège de France, professeur émérite, est un philosophe, un historien, un philologue français, spécialiste de l'Antiquité, profond connaisseur de la période hellénistique, et en particulier du néoplatonisme et de Plotin. Il est l'auteur d'une œuvre développée notamment autour de la notion d'exercice spirituel et de philosophie comme manière de vivre. Source : Daniel Poza-Lazaro, « L'Œuvre de Pierre Hadot : une relecture de la philosophie antique », Gallimard, Folio Essais N° 280, 1995. www.en-quetes.org/Archives/letemps/articles/daniel-temps.htm.
2. Jacques Sédat, « La Place du contrôle dans l'histoire du mouvement psychanalytique », exposé prononcé au séminaire des membres d'Espace analytique, le 25 mars 2007.

Nous voyons bien ici les parallèles avec nos processus de supervision actuels hors des titres et des thèmes de travail (statuts des acteurs et sujets).

Une autre étape importante nous vient des travaux de Wilfred Ruprecht Bion[1] et Michael Balint[2] qui, en posant un axe de réflexion autant que de travail, ont ouvert la voie à notre supervision actuelle. **« Demandons-nous ce que nous faisons là »** ; cette injonction a été le fondement de leurs recherches et le début des groupes Balint visant à élaborer une « technique de formation psychologique des médecins » et les principes de la « formation des analystes » – en tant que membres du Training Committee de la Société Britannique.

Voici le principe et le fonctionnement d'un groupe Balint : il s'agit d'un groupe de personnes volontaires qui réfléchissent ensemble avec l'aide d'un « leader » (psychanalyste, psychologue, professionnel de l'accompagnement...) sur les problèmes relationnels posés par leur métier. Ce qui se dit dans un groupe Balint répond à des règles précises, de type : confidentialité (ce qui est dit à l'intérieur du groupe ne sort pas du groupe), solidarité (chacun fait sien le problème exposé), non-conflictualité (entre les membres du groupe), préoccupation du terrain (on reste centré sur la tâche à résoudre).

Nous retrouvons là certaines bases de ce qu'est pour nous la supervision. Bien sûr, le travail des groupes Balint s'apparente au « partage de pratiques » qui n'est, de notre point de vue, qu'une partie de ce que nous faisons en supervision aujourd'hui.

---

1. Wilfred Ruprecht Bion (1897-1979) est un psychanalyste britannique qui s'est intéressé à la psychose. Il a également été un pionnier de la psychothérapie de groupe et de la psychanalyse groupale.
2. Michael Balint (1896-1970) est un psychiatre, médecin et psychanalyste hongrois émigré en Angleterre. Il est surtout connu à travers les « groupes Balint », qui désignent une modalité de formation de médecins et de thérapeutes à la relation soignants/soignés. Animateur de la Tavistock Clinic, il fut à l'origine d'un mouvement médical qui reconsidéra totalement les relations médecin/malade/maladie. L'objectif de Balint et de son séminaire fut surtout de permettre aux médecins de reconsidérer leur expérience de tous les jours, pour mieux cerner les problèmes.

Au-delà des groupes Balint, le champ de la supervision est largement utilisé dans différentes sphères professionnelles des métiers de l'accompagnement : médecins, psys, travailleurs sociaux, éducateurs, personnel médical, en passant par l'aéronautique, l'armée, la police, l'éducation, l'industrie, l'informatique, la finance et la politique. Elle peut intervenir sous la forme de groupes de parole, partage de pratiques, contrôle de qualité, évaluation des risques, etc. Comme nous le voyons, le champ peut être très vaste. Nous vous proposons ici une première approche de la supervision avant d'en donner une définition plus spécifique par rapport à notre métier de coach.

Pensons d'abord la supervision comme une des garanties d'un travail permettant l'interrogation procédurale, la compréhension contextuelle interne et externe, le développement professionnel et personnel à partir de la relation, de la confiance mutuelle et de la confidentialité. Les modalités mises en œuvre permettent de mobiliser le désir d'interrogation en commençant par un questionnement de soi pour soi et des autres selon un fonctionnement simple :

- un participant parle, les autres écoutent ;
- les autres participants parlent, celui qui s'est exprimé en premier écoute ;
- un échange collectif s'ensuit, dans lequel intervient le superviseur.

Comme l'explique Joseph Rouzel : *« Il s'agit donc d'un dispositif visant à une continuelle remise en question, enchâssée dans un cadre où naviguer en toute confiance*[1]. » Ce qui autorise alors à se mettre « à nu » devant le groupe et le superviseur. Le préalable reste le même, quel que soit le champ de la supervision : définir un cadre contractuel clair, cerner la demande, poser soigneusement les

---

1. Joseph Rouzel est un psychanalyste et un poète français. Diplômé de l'École des hautes études en sciences sociales, titulaires d'un DEA de psychanalyse (ainsi qu'un doctorat d'études philosophiques et psychanalytiques en cours), il est aujourd'hui formateur à l'IRTS de Montpellier et psychanalyste en cabinet.

éléments d'interrogation et de réflexion, le contexte et, bien sûr, le résultat visé.

CHAMPS D'APPLICATION : LES MÉTIERS DE L'ACCOMPAGNEMENT[1]

L'accompagnement caractérise aujourd'hui une nouvelle définition de la relation d'aide, mais aussi de multiples pratiques qui semblent n'avoir que peu de points communs. Le verbe « accompagner » porte à la fois la marque d'un mouvement et d'une action : aller, marcher avec quelqu'un. La notion d'accompagnement renvoie aux métaphores du voyage. Elle inclut l'idée d'une association, d'une présence, d'un engagement dans une action commune. L'accompagnateur doit « être avec », et non « agir à la place de ». Cette définition relativement univoque de l'accompagnement, « se joindre à quelqu'un/pour aller où il va/en même temps que lui-même », précise le sens selon trois dimensions :

- relationnelle sur le mode d'une connexion : se joindre à quelqu'un ;
- temporelle sur le mode de la synchronicité : être avec en même temps ;
- spatiale sur le mode d'un déplacement : pour aller où il va.

Diversité des appellations

La dénomination varie selon les sphères, renvoie à des pratiques modulées selon leur logique interne, tout en se référant à une matrice commune. Maela Paul[2] distingue sept pratiques :

---

1. Ce texte est un résumé de l'article très complet de Jean Foucart, « Accompagnement et transaction : une modélisation théorique », *Pensée plurielle*, 2008/1, N° 17, pp. 113-134. Jean Foucart est docteur en sociologie. Il dirige la revue *Pensée plurielle* et le Groupe de recherche et d'intervention sociale.
2. Maela Paul, *L'Accompagnement : une posture professionnelle spécifique*, L'Harmattan, 2004.

1. **Le « *counselling* ».** Son univers sémantique est celui du conseil et de l'aide, de la guidance et de l'assistance dans un processus de développement. Ces termes sont indifféremment utilisés par Carl Rogers puisqu'ils font référence à une même méthodologie de base : *« Des consultations directes avec un individu en vue de l'aider à changer ses attitudes et son comportement. »*

2. **Le conseil et la consultance.** Traditionnellement, pour donner un avis ou un conseil, il convient de consulter. Le consultant est généralement un expert (médecin, avocat, etc.) à qui l'on expose un cas ou une situation. Par définition, le consultant peut donner son avis, mais non décider. Le conseil consiste donc à *« accompagner une personne dans une délibération préparant une conduite à tenir dans une situation problème*[1] *».*

3. **Le tutorat, l'apprentissage et la socialisation.** La conception traditionnelle du tutorat a cédé la place à une conception dans laquelle le tuteur a une fonction, non pas de modèle, mais de « facilitateur ».

4. **Le mentorat et la solidarité transgénérationnelle.** Le *mentor* fait partie de ces figures d'accompagnement qui se justifient par le fait qu'un individu ne peut se développer par le seul contact avec ses pairs ; il a besoin de rencontrer ses « aînés ». L'art du *mentor* consiste à développer ce rôle et cette fonction appropriée à chaque moment de ce parcours d'accompagnement.

5. **Le compagnonnage et l'idée de transmission.** L'accompagnement y est caractérisé par une relation entre maître et novice, selon le mode de la solidarité intergénérationnelle et de la filiation spirituelle. Dans ce contexte, l'accompagnement, s'appuie sur l'exemplarité et consiste à aider chacun à s'« élever », à la fois sur le plan de l'autonomie responsable et sur le plan spirituel, afin de pouvoir transmettre à son tour.

6. **Le parrainage.** Il s'agit de permettre à deux personnes que généralement tout sépare (l'âge, l'expérience, la culture, l'origine

---

1. *Ibid.*

sociale...) d'entreprendre une démarche sur la base d'une relation de confiance. Le parrainage entre un adulte expérimenté et un jeune dépourvu de réseau relationnel doit permettre au second l'accès à un univers socioprofessionnel dont il est encore éloigné.

7. **Le coaching.** L'introduction du coaching dans les entreprises a pour fonction de développer les compétences et le potentiel des hommes de l'organisation.

Tous ces termes viennent non seulement habiller, mais surtout transformer des pratiques fort anciennes... Chaque dénomination appelle tout un référentiel de valeurs : expertise et compétence professionnelle (maître d'apprentissage ou de stage, directeur de recherche...), valeurs symboliques du passage à l'autonomie, valeurs de solidarité (le parrain introduit le filleul dans la communauté de travail), de partage mutuel et de transmission (le compagnon est celui avec qui on partage le quotidien, le travail et les connaissances)... Ces différentes pratiques et dénominations tendent à la professionnalisation, et se développent dans l'urgence et la concurrence, les unes englobant tout ou partie des autres.

Les lignes de force des approches de l'accompagnement soulignent :

- une finalité : quel que soit le motif de la demande, le but est d'initier un mouvement de transformation par l'acquisition de nouvelles manières de penser, d'agir ;
- un processus non linéaire, séquentiel, répondant à une logique de mouvement avec ses aléas et ses incertitudes ;
- un cadre méthodologique imprécis et des outils multiples, hétérogènes ;
- une grande importance accordée à la relation, qui n'est cependant pas instaurée pour elle-même ;
- une implication du professionnel et une alliance de travail réciproque basée sur une communication ouverte, des buts partagés et un accord sur la méthode ;

- une stratégie : le professionnel s'adapte à chaque situation, l'accompagnement se construit chemin faisant.

L'accompagnement est par nature protéiforme

Il comprend :

- une grande hétérogénéité des demandes ;
- une large diversité de postures ;
- l'hybridation de logiques d'apprentissage, de développement, de formation, de médiation ou de résolution de problème ;
- la variabilité des temps impartis, définis ou non *a priori* ;
- une tension entre un rapport de pouvoir et une définition égalitaire ;
- un jeu constant entre la proximité et la distance.

Chapitre 2

Superviseur de coachs, un métier à part ?

Au siècle dernier, dans le champ de la santé et du social, les praticiens établis des métiers de la *relation d'aide* ont eu recours à la supervision afin de garantir l'exercice de leur profession dans des conditions de sécurité, d'éthique et de pertinence. Ces processus de supervision sont très variés selon les métiers et surtout selon les approches thérapeutiques. La majorité propose un contexte spécialement conçu pour que l'intervenant puisse réfléchir à sa pratique professionnelle.

La profession encore émergente du coaching a su détecter l'importance de disposer pour son développement d'un tel contexte. Le défi, comme le dit Philip Brew, est *« d'élaborer une approche de la supervision qui ne retienne que les éléments d'excellence développés dans d'autres domaines, mais qui surtout reprenne les caractéristiques définissant le coaching lui-même[1] »* dans ses attitudes, ses processus et sa pratique.

---

1. Article publié sur son site www.philip-brew.com.

■ DES CHALLENGES ET DES CHANCES À SAISIR

> *« Le potentiel est trop important pour être ignoré, et il y a du travail à faire. Si la profession s'empare de l'opportunité et des défis qui se présentent, il faudra qu'elle s'accorde sur une approche de la supervision qui correspond le mieux à la nature spécifique du coaching. Pour commencer nous devrons développer une définition claire de la fonction de supervision dans le contexte du coaching, en même temps qu'un cadre cohérent de responsabilités et de compétences qui pourraient être utilisées pour former les praticiens appropriés. D'autres travaux suivront nécessairement. »*
>
> Philip Brew

Aujourd'hui, le corps des superviseurs est essentiellement constitué de :

- Superviseurs issus du champ de la psychosociologie ou de la thérapie, professionnels de la relation d'aide, formés ou non de façon spécifique à la supervision. Comme ils découvrent le coaching avec leurs nouveaux clients, certains enjeux organisationnels peuvent leur échapper.

- Coachs seniors reconnus à qui des coachs ont adressé des demandes de supervision et qui, du coup, se sont trouvés légitimés. Ils reconnaissent avoir appris leur métier sur le tas pendant plusieurs années. Certains sont eux-mêmes supervisés, d'autres ne voient pas l'utilité de l'être.

- Coachs « promoteurs » qui affirment que superviser, c'est tout simplement coacher des coachs, et que donc ils savent le faire. Apprentis sorciers parfois, ils se dispensent même d'une formation continue en coaching et de toute supervision.

- Dans certains pays comme aux États-Unis, la majorité des coachs refusent la supervision, car ils souhaitent se démarquer des thérapeutes pour qui celle-ci est obligatoire. Cette situation est en train d'évoluer sous la pression de coachs d'autres pays et de Master Certified Coachs de l'International Coaching Federation comme Margaret Krigbaum, qui est l'auteur d'un texte sur les principes d'une supervision réussie, lequel circule aujourd'hui aux États-Unis pour faire avancer la réflexion. Les coachs US choisissent plutôt des *mentors* ou des coachs pour les accompagner selon leur besoin :

- Un *mentor* pendant le temps de leur formation et pour se préparer aux examens de certification (heures de *mentoring* obligatoires pour l'accréditation ICF). Le *mentor* les soutient dans l'appropriation des compétences de coaching et dans l'émergence de leur style personnel, en accord avec la déontologie de la profession. Ces *mentors* sont pour l'instant des coachs certifiés par ICF – ils sont MCC (Master Certified Coach) ou PCC (Professional Certified Coach). Ils ne sont pas tous formés spécifiquement. En 2009, un groupe de travail, réunissant ICF et ACTO[1], a reçu pour mission de définir les compétences du *mentor* et de poser les bases d'une formation spécifique.

- Un coach de coachs, quand ils désirent se développer professionnellement sur un point précis.

En fait, comme pour le coaching, revendiqué comme une compétence détenue dans de nombreux métiers, chacun peut s'autoriser aujourd'hui à proposer de la supervision à des coachs. Dans le peu d'écrits circulant sur le sujet, on voit revenir la notion du superviseur comme « un coach de coach » arguant du fait que *les compétences d'un superviseur sont celles d'un coach expérimenté*.

Mais existe-t-il des compétences, des méthodologies particulières, une expérience concrète du coaching et un état d'esprit approprié pour superviser des coachs, surtout lorsqu'il s'agit de coaching de responsables, d'équipe, d'organisation ?

---

1. ACTO : Association of Coach Training Organizations. http://www.acto1.com/About_ACTO.html.

Nous avons exposé dans l'introduction notre point de vue sur l'évolution du métier de coach et la nécessité d'un professionnalisme accru pour celui qui intervient en organisation. Pour garantir le renforcement continu de ce professionnalisme, la supervision est un lieu important qui permet de mener une réflexion approfondie sur sa pratique et la qualité de l'interaction entre le coach et son ou ses clients. Il en découle la nécessité de renforcer d'autant le professionnalisme du superviseur.

Dans notre propre expérience, nous avons vécu le passage de consultant à coach, ou de formateur à coach, comme une véritable mutation. Le passage de coach à superviseur est encore d'un autre ordre. Il requiert une plus grande maturité au terme d'une réflexion approfondie sur l'avenir d'un métier que l'on souhaite préserver et faire évoluer. Le rôle de superviseur est peut-être aussi plus *interventionniste*. En effet, il existe dans la supervision une partie normative concernant la déontologie, celle où l'on partage la responsabilité professionnelle des coachs que l'on supervise.

Le coaching, métier émergent encore peu reconnu, doit déjà se renouveler pour mieux répondre aux défis que rencontre aujourd'hui l'ensemble de la société, donc des clients potentiels. Cela nous semble demander un travail de fond sur la posture et les connaissances requises pour être habilité en tant que superviseur. Celui-ci doit admettre qu'il a, lui aussi, à questionner la compréhension de son rôle, l'exercice de son autorité, ses propres enjeux de pouvoir et leur relation avec ceux qu'il supervise.

La question du *métier de superviseur de coachs* est aujourd'hui ouverte. Nous souhaitons qu'elle soit reprise par l'ensemble des groupements professionnels.

Témoignage de Margaret Krigbaum
CONTINUER À PROGRESSER DANS LE DOMAINE DU COACHING

L'expérience que j'ai eue, à la fois en m'autoévaluant et en supervisant d'autres coachs, a confirmé le fait que nous portons rarement un jugement honnête sur notre propre coaching. Les coachs qui analysent leur propre coaching, y compris moi-même, sont généralement trop gentils ou trop sévères avec eux-mêmes. Ils éprouvent des difficultés à reconnaître les caractéristiques typiques et les habitudes de leur propre méthode de coaching. Par conséquent, la présence d'un troisième coach spécialiste est devenue une réalité incontournable.

Comme pour nos clients, qui ont souvent besoin d'un coach pour les aider à mieux se connaître eux-mêmes, les coachs ont aussi besoin d'un spécialiste pour les aider à appréhender concrètement leur propre coaching, pour en affiner leur analyse, et pour les accompagner dans ces étapes constructives qui mettront en valeur leurs compétences en tant que coach. En fin de compte, cette association « coach-superviseur » fournira l'évaluation la plus exhaustive sur les capacités de coaching, avec un soutien et un encouragement totaux afin de continuer à progresser dans ce domaine.

Il existe certains principes qui, s'ils sont appliqués et suivis, mettent à disposition le potentiel à la fois pour une relation de supervision significative et pour un échange verbal riche de conséquences pour le coach et le superviseur. Ces principes ne sont pas classés dans un ordre précis et sont d'une importance égale en ce qui concerne la mise en place de cette relation de supervision et de son contenu. Chaque principe mettra aussi l'accent sur la prise de conscience du coach et du superviseur quant aux méthodes à suivre pour construire une relation plus forte avec leurs propres clients.

■ LES PRINCIPES D'UNE SUPERVISION RÉUSSIE

Les principes sont les suivants…

Le rôle actif du coach dans l'évaluation de son propre coaching.

L'objectif de toute relation de coaching est de permettre au client de développer de façon durable l'observation, la réflexion, la création et la mise en place de structures qui l'accompagneront même lorsque les sessions de coaching seront terminées. En bref, un coaching réussi doit permettre au client de s'autocoacher. Il en est de même pour la supervision. L'objectif de la supervision n'est pas seulement d'aider le coach à améliorer sa méthode de coaching, c'est de l'aider à devenir un meilleur spécialiste dans l'observation et l'évaluation de son propre coaching. La meilleure autoévaluation pour le coach aura lieu lorsqu'il pourra analyser son propre coaching comme un observateur objectif et externe. Par conséquent, à un moment donné, le fait de faire appel au coaching d'un autre coach pour pouvoir s'autoévaluer devrait finir par porter ses fruits.

Le coach est suivi pendant ses séances de coaching avec ses clients.

L'échange théorique sur les méthodes de coaching est nécessaire, mais son impact reste restreint, car il n'apporte – ni au coach ni au superviseur – aucun élément sur le réel niveau de connaissance du coach. Pour qu'une supervision soit vraiment efficace, pour qu'elle produise un réel changement en termes de connaissances de coaching, il est nécessaire que le niveau de connaissance initial du coach soit évalué. Cette évaluation doit se poursuivre de manière régulière au cours des séances de supervision.

L'évaluation en commun du niveau initial et du niveau à atteindre des connaissances en termes de coaching par le superviseur et le coach au début de la supervision.

Souvent oubliée dans le processus de supervision, cette étape apporte pourtant les bases en formulant un accord juste sur la supervision. L'évaluation, par le coach et le superviseur, du niveau actuel de coaching permet aussi d'établir des objectifs clairs d'évolution qui seront à mettre en place par le coach.

Le coach et le superviseur définissent et acceptent ensemble les objectifs et les niveaux de coaching que le coach cherchera à atteindre au cours des sessions de supervision.

Chaque relation de coaching réussie sous-entend l'existence d'un accord correctement étudié et défini. Un tel accord est également nécessaire dans les relations de supervision. Il est important que le coach réfléchisse bien aux attentes et aux évolutions espérées à travers la supervision. Est-ce qu'il veut passer du niveau de coaching ACC (Associate Certified Coach, coach associé accrédité ICF) au niveau PCC ? Est-ce qu'il veut se concentrer sur l'amélioration de certaines compétences ? Est-ce pour s'assurer que le coach MCC ne développe pas de mauvaises habitudes de coaching ? La compréhension des objectifs et des buts apporte un cadre solide tout au long du processus de supervision.

Le coach joue un rôle actif dans le choix des méthodes de supervision.

Il existe plusieurs méthodes de supervision. Toutes ces techniques ne correspondent pas forcément à tous les coachs, ou ne s'adaptent pas aux objectifs d'une supervision en particulier.

Par exemple, si l'objectif d'une supervision est d'aider le client à préparer son examen pour la certification de l'ICF, faire une étude de cas est probablement moins utile et efficace qu'évaluer son réel niveau de coaching.

De plus, il est possible que ces techniques ne correspondent pas à la méthode d'apprentissage du coach. Le superviseur devra alors présenter au coach les méthodes de supervision possibles, et ainsi lui permettre de choisir celle qui correspondra le mieux à ses objectifs en termes de relation et d'apprentissage.

Ce principe présente la relation qui devrait exister dans toutes les relations de supervision.

L'évaluation, le feed-back et l'apprentissage doivent refléter à la fois le niveau actuel des connaissances du coach et les objectifs du processus de supervision.

Des coachs de niveaux différents sont prêts pour des feed-back de niveaux différents. Plus le coach est expérimenté, plus l'évaluation et le feed-back font apparaître les subtilités du coaching. De plus, le langage utilisé pour l'évaluation et le feed-back devient plus approfondi, et le dialogue entre le coach et le superviseur devient plus direct et stimulant. À des niveaux d'expérience moins élevés (par exemple, un coach de niveau débutant PCC qui veut et qui a besoin de progresser vers le niveau moyen PCC), le langage utilisé pour l'évaluation et le feed-back est habituellement orienté vers des apprentissages plus basiques, tels que comment poser des questions plus ouvertes et plus pertinentes. L'évaluation et le feed-back du superviseur devraient, de la manière la plus réfléchie possible, prendre en compte le niveau actuel du coach, en termes de compréhension et de savoir-faire, et le niveau d'encouragement dont il a besoin. De plus, le langage employé pour le feed-back et l'évaluation devrait clairement se rapporter aux objectifs et à l'évolution cités dans l'accord de supervision.

L'évaluation et le feed-back mentionnent la force du coaching, ses limites et son potentiel en termes d'évolution.

La supervision de niveau supérieur possède toujours une caractéristique de grande portée. Le coach et le superviseur ont tous les deux appris à utiliser un langage neutre, factuel concernant le coaching du coach. Tout simplement, quel que soit le niveau de connaissance du coach à ce moment-là, qu'il soit ACC ou MCC, il existe des possibilités de devenir un coach plus compétent. Par conséquent, le coach et le superviseur discutent librement et ouvertement des connaissances maîtrisées par le coach et de ce qu'il pourrait améliorer, de ses limites et de son potentiel d'évolution. Un bon superviseur assimilera et communiquera non pas l'angoisse mais la joie de cette évolution.

Le coach et le superviseur savent que la supervision n'est que le début du changement. Une parfaite assimilation et une appropriation de cette évolution se produiront probablement un certain temps après la fin des séances de supervision.

Le client ne s'appropriera totalement toutes ces nouvelles connaissances en termes de coaching que quelques mois après la fin des séances. Il en est de même pour les séances de supervision. Une parfaite assimilation et une acquisition nécessitent en général une mise en application pendant un temps certain, dont la durée est habituellement supérieure à celle des séances de supervision. Par conséquent, il est judicieux que le coach et le superviseur prennent du recul par rapport à cette lourde responsabilité qui leur imposerait de noter des changements réels au cours des séances de supervision. Au contraire, il est important de garder à l'esprit que, lorsque le changement est initié, son achèvement nécessite du temps et de la mise en pratique.

Souvent, en effet, la supervision se déroule en trois étapes : une première période avec les séances de supervision, ensuite une période hors supervision et au cours de laquelle le coach met en pratique ses nouvelles acquisitions, et enfin une troisième période où le coach retourne en supervision pour évaluer comment son coaching a dorénavant changé et évolué.

Utiliser diverses méthodes pour avoir une vision complète des acquisitions du coach.

Chaque méthode de supervision a ses forces et ses faiblesses. Le fait d'utiliser plusieurs méthodes pour des supervisions en individuel permettra au coach et au superviseur de découvrir différents aspects des méthodes de coaching du coach. Cette image composite est habituellement plus complète. Il est difficile de savoir quel mélange entre ces différentes méthodes sera le plus efficace ; tout dépend des objectifs de la supervision et de la façon dont le coach apprend et progresse le mieux. Le plus important, comme expliqué ci-dessus, pour décider quelle(s) méthode(s) utiliser, est que cela fasse l'objet d'une discussion et d'une décision commune entre le coach et le superviseur.

La supervision et ses méthodes sous-jacentes font place à des espaces pour l'évolution, et l'aventure du coach et du superviseur. La supervision requiert de l'honnêteté, du courage, de la légèreté, de la neutralité, le sens du plaisir, le désir d'apprendre, et l'engagement de soi à être le plus professionnel possible. Être supervisé est souvent l'un des moments les plus décisifs de son évolution de coach. J'espère que tous les coachs comprendront et rechercheront cette évolution et ce développement que procure la supervision, à la fois pour eux-mêmes, mais surtout pour les clients qu'ils accompagnent.

Chapitre 3

Les cinq dimensions de la supervision de coachs

La supervision propose au *coach en devenir* un cadre et un contexte pertinents pour réfléchir sur sa pratique et faire de cette réflexion un moteur de son évolution professionnelle.

Ce cadre comporte deux grands axes : le respect des règles déontologiques et la qualité de la relation établie entre le superviseur et le supervisé. Pour aller plus loin, nous vous proposons d'analyser comment ces axes se déploient sur les cinq dimensions clés suivantes.

■ LA CORESPONSABILITÉ PROACTIVE DU SUPERVISEUR ET DU SUPERVISÉ

Le choix de se faire superviser et accompagner dans ses propres évolutions s'inscrit en premier lieu dans la dimension normative de la déontologie du coaching telle qu'elle est prônée par l'ensemble des groupements professionnels : celle-ci impose d'avoir un lieu de régulation qui est une protection autant pour les clients que pour le coach.

Cette première dimension est transverse à la supervision de tous les métiers de la relation d'aide : le superviseur partage avec le supervisé la responsabilité de vérifier que le travail est soumis à la déontologie de la profession, et qu'il se fait dans le cadre des lois et des normes de la société.

La partie proactive de cet engagement mutuel permet d'aller au-delà de la simple obligation à respecter les normes : chacun s'engage à inscrire son propre désir de développement professionnel au sein de ce cadre normatif pour le rendre vivant et porteur d'évolution chaque fois qu'un dilemme éthique se pose[1].

La relation de supervision s'enrichit, vient se frotter *« aux processus semi-aléatoires de construction des compromis, toujours incertains et imprévisibles, caractéristiques du "vivre ensemble". Cette éthique de la pratique laisse supposer un refus des certitudes. Elle valorise le doute, mais un doute "faible" qui admet le mystère, l'opacité. Elle fait place à l'incertitude, à l'aléatoire, à l'ambiguïté*[2] *».*

■ LA PUISSANCE DE LA COHÉRENCE INTERNE

Au-delà de l'obligation professionnelle, le coach choisit la supervision quand il comprend la nécessité d'une cohérence interne entre sa capacité d'être accompagné et son travail d'accompagnant. Cette compréhension est liée à la connaissance des lois qui régissent les systèmes vivants dynamiques – c'est-à-dire nous, les êtres vivants, et les collectivités qui nous rassemblent. Selon ces lois, qui sont une déclinaison de la loi du Tout, tous les éléments d'un système sont reliés et interdépendants, donc coresponsables du bon fonctionnement et de l'évolution saine de l'ensemble.

Une façon plus poétique de l'exprimer est celle des Indiens d'Amérique qui nous incitent à *« walk your talk »* ou « marcher sa parole » : cela consiste à faire soi-même ce que l'on propose aux autres de faire.

---

1. *Cf.* partie IV.
2. Jean Foucart, *op. cit.*

Ainsi, celui dont le rôle est d'accompagner des personnes dans leurs projets doit aussi savoir se faire accompagner dans ses décisions ou ses choix d'évolution professionnelle. Le choix de la supervision et le travail qui s'y fait permettent d'être clair avec soi, clair avec les autres et clair avec sa propre évolution. Là réside la puissance de la cohérence : ce que nous préconisons à nos clients, nous nous l'appliquons à nous-mêmes.

▪ LE SOUTIEN DU SUPERVISEUR ET LA CONFIANCE MUTUELLE

« Un attribut fondamental de l'accompagnement réside dans l'idée d'un acteur principal que, d'une manière ou d'une autre, il s'agit de soutenir, de protéger, d'honorer, de servir, d'aider à atteindre son but ; en aucun cas, il ne s'agit de le supporter en prenant sa place sur le devant de la scène, de le diriger[1]. » La supervision est un espace privilégié où le coach apporte ses envies, ses doutes, ses incertitudes et autres questions personnelles. Le superviseur est là pour écouter, réconforter, conforter, et confronter le supervisé. Il l'accompagne avec une « bienveillance implacable ». Il tisse avec le ou les supervisés la confiance nécessaire pour construire de la « crédibilité ».

Son soutien permet la consolidation de la confiance en développant la capacité du coach supervisé à oser des initiatives, à prendre des risques par rapport à ses envies, ses intuitions pour pouvoir avancer dans sa pratique et dans l'évolution de son métier.

C'est la spécificité de la supervision que de faire émerger chez le coach ce surplus de confiance issu de la consolidation du chemin parcouru. C'est aussi « supporter » cette confiance et l'accompagner à son rythme sur le chemin qui reste à découvrir.

---

1. Guillaume Le Bouëdec, « La Démarche d'accompagnement, un signe des temps », revue *Éducation permanente*, 2002.

« La confiance ne consiste pas à réaliser une action dont le succès est assuré (prévision), mais à tenter une action dont l'issue est incertaine (anticipation). Elle puise son énergie dans la région obscure où notre puissance d'agir dépasse ce que nous en connaissons. Le sentiment de confiance fait de l'expérience un domaine d'expérimentation. Il est donc la condition de tout acte de création[1] », dit William James.

▪ LE DÉVELOPPEMENT CONTINU

Le supervisé s'inscrit dans un processus de développement continu dans le travail qu'il fait avec le superviseur : il découvre des options différentes pour comprendre et faire avancer la situation qu'il veut travailler en supervision, et ces options lui ouvrent plus de choix. À partir de son récit, le coach se rend compte qu'il a intégré beaucoup d'informations importantes qu'il n'a pas encore exploitées, ou qu'il a eu un point aveugle (selon le cadre de référence théorique, le point aveugle est dû au contre-transfert, reflet, résonance trop proche...). Ce n'est donc pas un processus de formation, mais bien un processus de sensibilisation à l'inconnu qui amène à oser imaginer d'autres chemins et à s'autoriser d'autres comportements.

Cela permet aussi de trouver, d'ajuster puis d'affiner son style afin qu'il soit moins plaqué et répétitif par rapport à ce qui a été appris, qu'il exprime mieux son propre talent. On est davantage dans le « savoir devenir » et dans le « savoir-être », que dans le « savoir-faire ». Selon Raymond (voir témoignage ci-après), le coach s'approprie ce « savoir devenir » en renouvelant ses acquis de formation, c'est sa cuisine à lui. En tout cas, cela lui permet d'enrichir à chaque fois ses accompagnements.

---

1. David Lapoujade, maître de conférences à Paris-I Panthéon-Sorbonne, dans son ouvrage *William James, empirisme et pragmatisme*, PUF, 1998. William James (1842-1910) est l'une des principales figures du pragmatisme américain. Selon lui, toute distinction théorique doit conduire à une différence pratique.

En effet, la dimension **verbalisation** est en elle-même apprenante. Quand un coach raconte dans le détail une situation de coaching, cela lui permet d'intégrer les processus et les outils qu'il a proposés à son client. En session de coaching, pour rester présent à son client le coach lâche le manche symboliquement. Il se met en pilotage automatique et ne contrôle pas toutes ses questions et ses retours. C'est seulement quand il revient sur la situation du client en supervision qu'il fait un retour d'expérience approfondi qui lui permettra de capitaliser et de consolider ses compétences pour les transférer à d'autres situations. Il s'inscrit là dans un processus de boucle apprenante.

■ CLARIFIER SES ENJEUX AU FUR ET À MESURE

Au début, on choisit d'exercer le métier de coach pour un certain nombre de raisons – réparation, envie de renouveau... Et puis, avec le temps, à chaque étape de sa vie, l'enjeu se transforme, se clarifie et devient de plus en plus profond, en lien avec l'évolution de son projet de vie plus global et de ses aspirations.

Par exemple, un coach senior s'aperçoit qu'il assure avec moins de satisfaction des missions qui l'avaient passionné à quarante ans et qu'aujourd'hui, il est entouré par un réseau de professionnels qui traitent avec plaisir et bien mieux que lui ce genre de dossiers. Se poser la question du sens et d'un nouvel enjeu à ce moment de sa vie lui permet de repartir autrement, et surtout avec beaucoup plus de présence à ce qui se joue avec ses clients. Cela lui permet de nommer ce qui n'est plus vivant dans son vécu professionnel et comment il perd, selon lui, en puissance et en qualité d'intervention. Il l'a fait longtemps et c'était bien, mais maintenant il a besoin d'un autre enjeu pour avancer dans son métier et renouveler sa pratique au quotidien.

C'est un peu comme quelqu'un qui s'épuise parce qu'il a des difficultés à digérer, et que les aliments non complètement digérés l'empêchent de profiter de nouveaux aliments. Il a pris le temps de regarder tout ce qu'il faisait, et surtout ce qu'il avait fait des milliers de fois mais qu'il faisait désormais machinalement, sans flamme, sans véritable nourriture en retour pour son esprit. Or, jusque-là, son métier le nourrissait intensément, et c'était quelqu'un qui avait besoin de cette intensité. Au terme de sa réflexion, il a pris la décision difficile d'arrêter les « aliments anciens ». C'est difficile, car arrêter de faire ce qui est obsolète implique un grand courage, notamment celui d'accepter un agenda vide… avant qu'il ne se remplisse à nouveau avec du neuf, choisi à partir d'un nouvel enjeu d'évolution. C'est souvent un grand moment de solitude, que la relation privilégiée avec le superviseur permet de traverser en conscience, sinon en pleine sérénité.

■ LE CHEMIN SE CHEMINE EN CHEMINANT

La définition de la supervision d'un métier émergeant comme le métier de coach est forcément encore en construction. Elle s'élabore aujourd'hui dans des pratiques diverses, parfois paradoxales, en se confrontant à la beauté et au mystère des relations humaines que certains nomment « complexité ».

C'est pourquoi nous proposons, comme première pierre à l'édification de cette définition, le fait que le rôle de superviseur nécessite, comme pour celui de coach, une « posture » spécifique : une posture humble, faite de doutes, interrogeant en permanence le statut, l'acte, la situation, le contexte en restant vigilant sur sa place de superviseur : d'où je parle ? Quel est mon rôle ? Qui je suis et avec quel impact ? Qu'est-ce qui m'inspire ? Quels résultats sont attendus par moi et mon client ? Quel est le cadre ? Le contrat et le processus sont-ils clairement partagés ?

C'est à partir de cette posture, et par la copuissance de la relation superviseur/supervisé, que le « pouvoir du statut » peut générer la cocréation.

> *« La connaissance inhibe l'action. Pour agir,*
> *il faut être enveloppé du voile de l'illusion. »*
> Friedrich Nietzsche

Témoignage de Raymond
LA SUPERVISION : UNE EXPÉRIENCE INSPIRANTE

Je suis un gestionnaire d'expérience, ayant œuvré près de trente ans en tant que cadre supérieur et sous-ministre adjoint pour le gouvernement du Québec, et je suis un jeune coach de gestion, en formation et effectuant du coaching depuis un peu plus de deux ans.

La décision d'être supervisé m'est venue naturellement, au tout début de ma pratique. Je voulais travailler avec un coach de très haut niveau (*master coach*), qui soit totalement indépendant de ma pratique et de mon milieu professionnels, afin de me garantir une meilleure neutralité. Dans la supervision, je recherchais également quelqu'un qui me permettrait de faire une transition en puissance d'une carrière où j'ai été en situation d'autorité vers une nouvelle carrière meublée constamment par la coresponsabilité. J'étais à la recherche d'un sage avec qui je pourrais partager mes préoccupations, mes expériences et qui me recadrerait au besoin. Quelqu'un avec qui je pourrais prendre du recul et développer mes compétences de coach, et qui me guiderait dans la gestion de coachings plus difficiles.

Mon expérience avec le superviseur-coach que j'ai choisi dépasse totalement mes attentes. Son approche holistique me permet non seulement d'apprivoiser de nouveaux outils et d'approfondir ma pratique, mais surtout de me questionner et de me positionner par rapport à « qui je veux être comme coach ». Veux-je être dans la performance à tout prix, ou veux-je me questionner sur ce que je peux faire différemment ? Suis-je toujours conscient que ma puissance en tant que coach dépend de l'équilibre entre mon écoute et ma liberté de parole ? Est-ce que je me donne la permission de faire confiance à ma puissance intuitive et au bon sens logique de mon client ? Etc.

Mon superviseur contribue par son questionnement à me maintenir au-delà des connaissances acquises, que ce soit lors de mes formations en coaching ou au cours de mon histoire. Cela me donne l'agilité, la créativité et l'ouverture que je recherche pour accompagner le changement souhaité par mes clients.

Témoignage de Monique

LA SUPERVISION : UN ESPACE-TEMPS PRIVILÉGIÉ

J'ai été plus de vingt-cinq ans gestionnaire dans l'administration québécoise, dont plus de la moitié comme directrice générale. Préoccupée et impliquée dans le développement professionnel des gestionnaires pendant de nombreuses années, j'ai choisi, il y a deux ans, en m'appuyant sur mon expérience de gestionnaire de devenir coach, d'en faire un métier et d'être un « passeur », en accompagnant, pas à pas, des gestionnaires dans leur développement professionnel.

Pour le coach en construction que je suis, la supervision, c'est la sécurité et l'audace dont j'ai besoin pour bien ancrer ma pratique. Je n'aurais pas imaginé faire sans. Le coaching est un métier de relation et, pour moi, comme dans tous les métiers de relations humaines, la supervision est un incontournable. C'est une protection pour le client et une garantie de qualité de mes services.

La supervision est un de mes outils de préparation et de retour sur mon travail de coach. Travailler avec un maître-coach, c'est mon moment et mon espace de coach coaché, le temps pour explorer, démultiplier les possibles de travail avec le client, évoluer et structurer ma démarche. J'y ai travaillé, entre autres, le « tout est au commencement… », la centration sur les besoins du client, la dimension ludique des outils ; bref, ce qui répondait à mes besoins immédiats et ainsi assurait un accueil serein et une ouverture maximale à mes clients.

Enfin, pour moi la supervision est un autre outil de développement professionnel, individuel celui-là, « sur mesure » et adapté dont l'effet est d'accélérer l'approfondissement de ma pratique de coach par cet espace privilégié de conversation que je me suis donné.

Superviseur de coachs, un métier qui s'apprend ?

Pour ce qui est de la posture et des compétences du superviseur, les avis varient beaucoup selon les différentes écoles. Comme nous l'avons vu précédemment, il existe au moins un accord sur le fait qu'elles doivent être celles d'un coach confirmé. Peut-on aller plus loin ?

À partir de nos propres parcours et des entretiens que nous avons menés avec des superviseurs, un schéma se dessine, que chacun va vivre avec sa propre spécificité.

À un moment de son évolution, le coach souhaite contribuer différemment à l'évolution de sa profession. Même s'il prend encore plaisir et intérêt à sa pratique personnelle, l'idée de passer le relais à d'autres générations s'impose. Il accepte alors les demandes de supervision qui lui sont faites. Il les suscite parfois. Superviseur, il découvre bientôt que se posent à lui de nouvelles questions, de plus en plus complexes, et que sa posture change.

En effet, développer une posture de coach prend du temps. Cela implique d'apprendre à arrêter de penser plus vite que son client et à sa place, à arrêter aussi d'avoir un projet positif pour lui et de lui donner des conseils *pour son bien*… Apprendre quelque chose de neuf demande des efforts, désapprendre est beaucoup plus difficile, surtout s'il s'agit de ce qui a construit notre réussite jusqu'ici.

Un superviseur aura sans doute la même difficulté pour *arrêter de coacher* son supervisé et laisser partir l'idée de progrès pour la remplacer par une réflexion sur la pratique et les choix professionnels. Difficile aussi d'accepter que son supervisé ait un style différent, qu'il ose explorer des terrains inconnus du superviseur, qu'il dépasse parfois son superviseur…

Arrêter de faire et penser, sentir autrement pour faire autrement, cela peut s'apprendre seul, sans doute, mais qu'en est-il des zones aveugles qui nous échappent ? Comment *savoir ce que l'on ne sait pas*, en dehors du miroir que nous renvoient les autres ? Si les lois universelles de l'échange ont du sens, alors il est important de savoir recevoir une nourriture nouvelle et de l'intégrer avant de vouloir la donner à quelqu'un d'autre.

COMMENT APPRENDRE À SUPERVISER UN COACH ?

La forme classique de la didactique qui existe depuis longtemps dans le champ de la thérapie analytique est-elle adaptée ? Faut-il la renouveler ? Certains ont appris à partir de leur propre expérience de supervisé. L'exemple de leur superviseur a été leur modèle, et celui-ci les a parfois soutenus dans leurs débuts en tant que superviseur. En complément ou à la place de cette approche personnalisée du passage de témoin, de rares formations collectives sont créées.

À Londres, par exemple, une école, Coaching Development, propose de passer un « Certificate in Coach Supervision », dont le programme couvre les thèmes suivants :

- supervision : définition et relation au coaching ;
- contrat de supervision ;
- types d'alliances et de personnalités ;
- dynamique relationnelle et questions de pouvoir ;
- stratégies et interventions ;

- transfert et contre-transfert ;
- styles d'apprentissage et compétence de feed-back ;
- éthique, obligations légales ;
- enjeux de l'organisation ;
- management de la diversité ;
- évaluation et réflexion ;
- maintien de la relation de supervision ;
- supervision individuelle, supervision de groupe, supervision interne ;
- supervision à multiples niveaux.

Ces thèmes sont intéressants et, hors ceux qui touchent spécifiquement au sujet de la supervision, ils ont souvent été étudiés dans des formations antérieures. Il est bon de les approfondir à la lumière d'une nouvelle posture.

■ TROIS EXEMPLES DE PARCOURS

Témoignage de Daniel Grosjean

APPRENDRE LA SUPERVISION EN PRATIQUANT

J'ai exercé pendant vingt ans le métier de formateur. J'avais formalisé un enseignement définissant dix-huit clés de réussite pour permettre à un entrepreneur de créer de la prospérité pour son entreprise à travers son impact personnel. « En quoi et comment la façon d'être d'un entrepreneur génère-t-elle ou non prospérité et réussite ? » était la question qui m'occupait. Puis des clients entrepreneurs m'ont dit : « *Ce que tu enseignes, c'est bien. Mais accompagne-nous dans la mise en application de tes principes.* » C'est ainsi que je me suis retrouvé à accompagner de grands groupes industriels où j'ai appliqué mes différents enseignements.

« *Si tu accompagnes un dirigeant, c'est que tu fais du coaching* », m'a-t-on alors dit. Effectivement ! Et c'est ainsi que j'en suis arrivé à modéliser un processus d'accompagnement de dirigeants.

En parallèle, je travaillais dans un centre de formation à la thérapie comme enseignant. Je ne suis pas thérapeute et ne revendique pas ce statut. Je m'en tiens à travailler avec des thérapeutes sur la manière de réussir à gagner de l'argent avec leur métier. En 1997, on m'a demandé de poursuivre ce travail sur le concept d'entreprendre avec des groupes qui avaient déjà suivi mon enseignement de base.

Pour la première fois de ma vie, je me suis retrouvé à accompagner sur la durée des spécialistes de l'accompagnement, thérapeutes et consultants. J'ai rapidement eu jusqu'à quatre groupes de supervision dans cette école, plus un groupe à Aix-en-Provence et un groupe à l'International Mozaik. Sur cinq ans, j'ai ainsi suivi une soixantaine de personnes en supervision et j'ai « appris » le métier. Je ne suis toujours pas sûr d'être capable de bien le définir car c'est un métier très complexe.

Témoignage de Danièle Darmouni
APPRENDRE À SUPERVISER EN ÉTANT SUPERVISÉ

J'ai découvert avec Jacques-Antoine Malarewicz l'intérêt de la supervision en 1986 pour compléter ma formation à la thérapie familiale systémique. J'ai participé deux ans à son groupe de supervision qui regroupait des thérapeutes et des travailleurs sociaux, j'étais la seule « consultante en entreprise ».

En 1988, avec mes associés du cabinet Transformation, nous avons demandé à Jacques-Antoine Malarewicz de nous superviser en tant qu'équipe de consultants intervenant avec une approche systémique pour accompagner les équipes de direction. Depuis, j'ai trouvé naturel et surtout essentiel d'être supervisée en continu dans les différentes étapes de mon évolution professionnelle par Jacques-Antoine Malarewicz pendant sept ans, puis par Daniel Grosjean.

De même que j'ai trouvé naturel et essentiel d'ouvrir des groupes de supervision en complément de la formation au métier de coach que propose l'école du devenir d'International Mozaik. J'anime avec bonheur un de ces groupes depuis 1997. Régulièrement, des coachs me demandent de les superviser aussi individuellement, en présence ou par téléphone s'ils ne sont pas parisiens. Ce ne sont pas tous d'anciens stagiaires, et cela m'a permis de différencier de plus en plus finement ce qui est particulier au métier de coach et les enjeux qui dépassent les différences de méthodes, de techniques et d'outils.

J'ai appris en marchant et en bénéficiant du soutien attentif et exigeant de mes superviseurs, des échanges avec mes collègues et des retours de ceux que j'ai supervisés. L'ampleur de la complexité du rôle de superviseur et l'urgence d'aller plus loin ont imposé l'idée de ce livre.

Témoignage de René-David Hadjadj
« C'EST EN FORGEANT QUE L'ON DEVIENT FORGERON »

Mes clients m'ont fait évoluer vers le coaching : en tant que consultant, j'ai répondu à des demandes différentes dans le cadre de certaines missions ; le lien, la relation établie avec mes clients ont permis un espace particulier d'accompagnement individuel, correspondant à un besoin précis, professionnel, ponctuel.

J'ai cherché quelqu'un capable de me « rassurer » sur la qualité et la justesse de mon travail. En 1992-1993 je n'avais pas encore rencontré le monde du coaching, je me suis adressé à J. G., psychologue et psychanalyste, pour m'accompagner et trouver la légitimité de mes accompagnements, et surtout capitaliser sur les *process* que j'utilisais. Cette supervision fut pour moi un réel déclencheur de compréhension et de prise de conscience des principes du coaching et de la supervision. Je suis d'ailleurs, depuis cette époque, toujours en supervision.

Ainsi, lorsque la première demande de supervision m'a été faite par un coach qui me « connaissait », j'ai longtemps hésité… J'avais, à ce moment-là, « besoin » d'une permission particulière, l'autorisation de changer de statut. Après en avoir parlé avec mon superviseur, j'ai accepté. À cette époque, j'avais choisi Jacques-Antoine Malarewicz comme superviseur personnel et, par ailleurs, j'avais aussi la joie de participer à un groupe de supervision collective avec le regretté Carlo Moïso[1]. J'ai souvent interrogé l'un et l'autre sur les principes, les mécanismes de la supervision, et j'ai beaucoup appris grâce à eux et à mes pairs… et, bien sûr, grâce à mes supervisés.

Aujourd'hui je continue d'apprendre, j'ai le plaisir de superviser quelques coachs en individuel et d'animer aussi des supervisions collectives. Même si je me sens « légitime » pour être superviseur, je poursuis mon interrogation personnelle en étant toujours en supervision individuelle, en attendant de retrouver un groupe de supervision collective.

---

1. Né en 1945 à Rome, Carlo Moïso, psychiatre et psychothérapeute TSTA (Teaching and Supervising Transactional Analyst), nous a quittés le vendredi 28 novembre 2008. Prix Eric Berne en 1987, la plus haute distinction en analyse transactionnelle pour son travail sur le transfert et les « états du moi », il est l'auteur de nombreux ouvrages dont *Analyse transactionnelle : retour aux sources*, écrit avec Michele Novellino. Il fonda l'Association italienne d'analyse transactionnelle après avoir introduit cette discipline dans ce pays. J'ai eu le privilège de travailler avec lui. Son enseignement, sa présence, son humanité, son humour me manquent et il reste pour moi un constant modèle.
Merci mon cher Carlo, j'ai sincèrement aimé chacune de nos rencontres, et j'ai surtout aimé l'homme que tu étais.

Chapitre 5

État des lieux du marché

Le marché actuel est riche d'inconnues et de paradoxes, et même s'il n'apparaît pas complètement chaotique, il n'est pas simple à décrire. Voici quelques éléments « objectifs » :

- Les principales organisations professionnelles de coaching s'unissent pour poser les normes internationales du cadre de la supervision et définir les compétences d'un superviseur[1]. Dans le même temps, la demande de supervision de qualité est croissante chez les coachs.

- Il existe un certain nombre de superviseurs de coachs déclarés et reconnus en France, en Europe et dans le monde, ainsi que de nombreux autres faisant *office de*. Il est très difficile de dire combien exactement, car la profession est encore moins réglementée que celle de coach : pas de certification ni de formation obligatoire. Le site d'ICF France et celui de la SFCoach recommandent des coachs certifiés ou des titulaires comme superviseurs. Les autres associations ne le font pas, même si l'obligation d'être suivi en supervision figure dans leur code de déontologie.

---

1. *Cf.* annexe 2.

- On trouve sur Internet ou par le bouche-à-oreille des noms de superviseurs ; certains ont rédigé des articles permettant de mieux comprendre leur offre.

- En Europe et en Australie, la notion de supervision fait partie depuis des années des processus de référencement des coachs mis en place par les grands groupes. La question de la supervision est fréquemment posée et souvent en détail par les prescripteurs RH potentiels.

- La charte de coaching de certaines organisations prévoit de la supervision pour les coachs internes au-delà de la formation (France et Australie). Ce n'est pas le cas partout.

- En Europe, les écoles de formation au coaching préconisent le plus souvent la supervision comme une des conditions de leur certification. La plupart des écoles anglo-saxonnes parlent plutôt de *mentoring*.

- De plus en plus de cabinets internationaux affirment le professionnalisme de leurs coachs en valorisant le fait qu'ils sont tous en supervision. Ainsi, un cabinet déclare : *« Supervision is vital for maintaining the highest ethical standards and practices. All of our coaches are required to have regular supervision from a professional coach. »* Ce qui peut se traduire avec plus de lourdeur, comme toujours en français : *« La supervision est vitale pour maintenir au plus haut niveau les standards et les pratiques. Tous nos coachs sont obligés d'être régulièrement supervisés par un coach professionnel. »*

En dehors de ces éléments visibles, les associations de professionnels réfléchissent aujourd'hui sur le sujet dans le monde entier. De nombreuses voix de qualité s'élèvent en faveur de la nécessité du développement de la supervision. Ainsi, celle du Néo-Zélandais Philip Brew, MCC exerçant à Londres, dans son article publié sur son site : *« Le coaching professionnel s'est développé à travers le monde en relativement peu de temps – en volume très certainement et aussi, je pense, en qualité. Une croissance continue apporte ses propres défis. Une expansion rapide numéraire réclame de la profession une responsabilité active pour protéger et augmenter la qualité de son offre dans le monde entier. Une approche bien conçue de la supervision de coachs pourrait être une des composantes clés pour assurer une contribution véritablement durable[1]. »*

---

1. Philip Brew, *op. cit.*

Chapitre 6

Comment sortir du rapport de force ?

Le sujet de la supervision des coachs devient majeur aujourd'hui car, dans le contexte de mutation globale de ce XXIe siècle, de nombreux *reflets* apparaissent entre les coachs et les clients qu'ils accompagnent autour des questions liées à l'exercice du pouvoir. On appelle « reflet systémique » la reproduction à l'identique des mêmes schèmes relationnels dans des contextes différents et connexes, écrit Jacques-Antoine Malarewicz.

Si, comme l'écrit Daniel Grosjean, « *le coach cherche à progresser lui-même en accompagnant les progrès de ses clients* », de quels progrès s'agit-il ? Le concept même de progrès est actuellement remis en cause. Nous sommes en train de sortir d'une forme d'innocence qui nous faisait croire à un progrès en croissance continuelle pour tous et qui satisfaisait notre désir d'**avoir toujours plus**. Non seulement ces désirs fondés sur toutes les nuances de la peur du manque et de la peur de perdre sont, par définition, impossibles à combler, mais encore nous découvrons les limites matérielles de ce type de croissance, qui détruit autant qu'il crée : il n'y aura réellement **pas assez** pour tous les habitants de la planète, et même de moins en moins.

Le modèle est à réinventer et l'absence actuelle de modèle accroît l'insécurité, l'inquiétude et donc le rapport de force.

■ POURQUOI CETTE EXASPÉRATION DES RAPPORTS DE FORCE AU SEIN DE NOTRE SOCIÉTÉ ?

En effet, d'où vient cette exaspération des rapports de force au sein du monde du travail dans notre société sophistiquée, pourtant dite « de communication » ?

Nous percevons souvent la fin d'un cycle comme quelque chose de redoutable. Devant nous s'ouvrent l'inconnu, des chemins encore inexplorés… Des projets au devenir encore incertain…

Et pourtant les périodes d'incertitude ne sont pas sans vertus. Elles nous obligent à nous séparer de nos structures mentales trop rigides, à renverser le confort mensonger du conformisme raisonnable et à effectuer de nouveaux choix qui pourront nous amener à… des succès inattendus.

■ EST-CE LA FIN DU MONDE, OU LA FIN D'UN MONDE ET LA POSSIBILITÉ D'UN NOUVEAU DÉBUT ?

Entreprendre quelque chose de neuf réveille de nombreux doutes, avec lesquels il nous faut avancer malgré tout, car il y a urgence. Nous ne pouvons nous soumettre plus longtemps à un pouvoir qui ne fonctionne plus et dont nous avons suffisamment payé les coûts néfastes. Mais résister est une vieille réponse, et la résistance seule ne peut créer un nouveau monde. Nous avons à avancer ensemble autrement, pour coinventer de nouvelles réponses.

Se réapproprier cette vraie puissance de création et apporter une contribution pertinente nous demande de nous libérer de l'entrave de nos doutes sur notre propre pouvoir et son impact éventuel. L'idée que nous en avons est fortement sclérosée par le jugement négatif que nous portons sur les « gens de pouvoir », ceux qui nous gouvernent et ceux qui dirigent les entreprises.

« Le pouvoir tend à corrompre, et le pouvoir absolu corrompt absolument. Les grands hommes sont presque toujours des hommes

méchants[1] », dit John Emerich Dalberg comme une fatalité, et ses mots sont souvent repris comme une vérité établie.

Cette affirmation ne tient pas compte de la loi de polarité selon laquelle le contraire d'une vérité profonde est une autre vérité profonde. Il est possible et urgent de transformer nos préjugés sur le « pouvoir sur » ou le « pouvoir contre », et de nous réconcilier avec la notion de « puissance avec ».

Par exemple, en revenant aux sens cachés du mot « responsabilité » et en le comprenant dans ses différents découpages sémantiques :

- *Res-pons-abilité*, ou l'habileté à peser les choses (*res*), à discerner ce qui se joue sous toutes ses facettes avant d'agir, et non de réagir en fonction de nos habitudes à une situation difficile.

- *Répons-abilité*, ou l'habileté à apporter une réponse à une situation donnée, et non à chercher les causes et à nommer un coupable. Une habileté, non figée sur le passé, qui sait se déployer au présent et au futur.

Transformer sa représentation du pouvoir et accepter sa puissance et les responsabilités qui vont avec oblige à prendre du recul et à s'interroger courageusement sur la nature de ses désirs, de ses peurs et de son ambition, en questionnant sa représentation du pouvoir, du progrès et de ses enjeux.

Pour les responsables actuels, ce questionnement sur leurs rôles, leurs choix et les décisions qui en découlent est indispensable s'ils souhaitent mettre leur énergie et leur intelligence au service d'un développement harmonieux avec leurs équipes et leur environnement.

Pour les coachs, le questionnement va porter sur leur façon d'accompagner autrement ce renouvellement, en cocréant un contexte porteur d'une dynamique constructive. Ce questionnement

---

1. John Emerich Dalberg, *Historical Essays and Studies*, Kessinger Publishing, 2007.

est transverse à l'ensemble des missions de coaching. Il met en lumière la nécessité, quand on accompagne les autres, de savoir se faire accompagner en continu dans une réflexion sur ses pratiques. Pour pouvoir tenir bon face aux dérives possibles, il est important de nous référer à quelqu'un de confiance. Quelqu'un qui saura se montrer vigilant sur notre réponse réactive au rapport de force, sur nos points aveugles, notre vulnérabilité ou notre façon de nous disqualifier.

En miroir, les enjeux de pouvoir de ceux qu'il accompagne renvoient le coach à sa relation à son propre pouvoir et à l'altérité. Comment retrouver sa puissance d'action dans une relation plus saine au pouvoir ? Comment devenir un sujet qui assume ses responsabilités tout en préservant le lien avec les autres ?

Partie II

Ce qui se joue en supervision

Ce qui se passe en supervision est souvent malaisé à imaginer et encore plus à décrire, car nous entrons dans un domaine forcément subjectif et partiel. Nous avons choisi de relever ce défi et d'assumer le risque de lever le voile, tout en prenant parti.

Pour ceux qui sont sensibles à l'esthétique et à la dimension créatrice du coaching, il est évident que celui-ci s'exerce comme un art. Un art qui, comme tout art, respecte des lois et des principes qui lui offrent un cadre structurant. Au cours de sa formation, le coach découvre peu à peu que le principal outil dans son travail avec ses clients, c'est lui-même, en tant que personne *en devenir*. Il est porteur d'un style, d'une signature unique sous une offre de service qu'il ajuste au fil de son expérience, à partir d'une déontologie partagée par toute la profession.

En partant de notre expérience, de quelques exemples et des contributions de nos propres superviseurs que nous voulons honorer ici, nous allons explorer comment la supervision peut accompagner un coach qui souhaite développer sa puissance, son style, et déployer sa créativité quand il accompagne une personne, une équipe ou une organisation dans une dynamique d'évolution durable.

Nous allons, dans un premier temps, présenter les principaux enjeux qui se manifestent en supervision afin que le coach supervisé puisse accéder à sa puissance personnelle et que le superviseur accomplisse avec humilité sa mission de transmission.

Chapitre 1

Les enjeux de la supervision

Un enjeu est ce que nous avons le sentiment d'avoir à « perdre » ou à « gagner » dans une aventure humaine. C'est aussi ce que chacun des partenaires doit transformer en lui pour mettre en œuvre son intention et réussir ses objectifs. C'est enfin ce que nous sommes appelés à devenir. Les quatre enjeux qui nous semblent essentiels sont les suivants.

■ AJUSTER L'ÉCHANGE ENTRE LE « DONNER » ET LE « RECEVOIR »

Pour pouvoir accueillir ce qui surgit à chacune de leurs rencontres et cocréer à l'intérieur d'une relation vivante, les deux partenaires de la supervision sont en recherche d'une nouvelle dynamique du « donner » et du « recevoir ». L'énergie du donner est émissive, elle agit, tandis que l'énergie du recevoir est en creux, elle accueille. Si les échanges entre les deux sont en déséquilibre permanent, cela pousse au rapport de force, à l'épuisement, et la cocréation s'en trouve bloquée.

Chacun doit harmoniser sa propre énergie émissive et réceptive pour que les duos ne se transforment pas en duels. Quand la supervision se fait ainsi, cela permet au supervisé de trouver sa réelle puissance qui est *« réceptive-active[1] »* et d'allier sa compétence d'action efficace à celle de créer du lien dans le plaisir.

Se reconnaître manquant, poser une demande d'accompagnement sur ce manque, donc se mettre en position de recevoir du feed-back de la part du superviseur afin de développer sa vraie puissance, est l'enjeu paradoxal qui rend possible la supervision. C'est toujours un enjeu délicat, et plus particulièrement en supervision collective.

Certains coachs sont plus enclins à recevoir qu'à donner, d'autres sont plus disposés à l'inverse. Pour beaucoup, il semble plus facile de donner, car ils ont choisi ce métier pour apporter aux autres leur « aide ». Se mettre en position de demander est loin d'être facile. C'est pourquoi certains coachs arrivent en supervision sans *demande* d'être accompagnés et se contentent de coacher, ou de donner leur avis sur les situations présentées par leurs pairs, sans s'impliquer. Ils préfèrent garder le contrôle et maintiennent une posture haute vis-à-vis du groupe et du superviseur avec qui la compétition est rude. D'autres assistent à bon nombre de séances sans y participer de manière active. Ils ne prennent pas la parole. Ils écoutent simplement ce que l'on dit au cours de la séance et prennent des notes à l'occasion.

Ici entre en jeu la loi de l'échange selon laquelle, pour être capable de donner, il faut avoir reçu et pour être capable de recevoir, il faut savoir donner. On s'aperçoit très vite, dans ces séances de groupe, de l'intérêt qu'il y a, pour pouvoir progresser de manière satisfaisante, à se mouiller, à soulever des questions qui bénéficient autant à soi-même qu'aux autres... Ceux qui n'y sont pas prêts ne sont dans le groupe, semble-t-il, que pour recevoir, ou plutôt pour *prendre*. Car, pour recevoir les fruits personnalisés (qui me concernent vraiment) de ces séances, il faut oser et savoir exposer en public ses propres situations, les donner « en pâture dans l'arène ». Savoir demander est une des pierres angulaires d'une bonne séance de supervision individuelle comme collective.

---

1. Arouna Lipschitz, *Dis-moi si je m'approche*, Éditions Souffle d'Or, 2003.

Se mettre en position de recevoir consiste simplement à se dire qu'en posant un cas et en exposant la façon dont on a travaillé avec son client, on demande au groupe une validation, un éclairage public différent. Cela requiert une certaine ouverture d'esprit, et aussi la capacité de faire face à une évaluation collective de son travail. Au début, cela peut paraître inconfortable et demander un certain courage.

Se trouver remis en question dans ce que l'on fait par ses pairs, ou par le superviseur éventuellement, n'est qu'anecdotique. Ce qui importe, c'est la démarche de se mettre en situation de demander et d'accepter de l'aide de la part d'une autre personne. Et cela représente un véritable travail sur soi. Qu'importe la somme d'argent avec laquelle on règle la prestation du superviseur : si l'on n'est pas capable de recevoir, on ne pourra pas être capable de donner, non seulement au groupe auquel on a décidé d'appartenir pour un temps, et donc à ses collègues, mais aussi à ses propres clients !

Dans un sens comme dans l'autre, le déséquilibre des énergies du donner et du recevoir crée de la passivité dans la relation de supervision.

« Dans les échanges, tout dépend de la fluidité et de la réciprocité entre le donner et le recevoir. Cette réalité de l'échange se répercute dans la compétence à créer, et cela vaut aussi pour la création de la richesse, de la prospérité. Comme nous sommes tous en permanence sous influence réciproque, je suis responsable de mon impact sur l'autre, autant dans ma manière d'accueillir son impact incontournable sur moi que dans ma manière de faire passer mes messages. Il n'y a pas de frontières entre les personnes. On communique même d'inconscient à inconscient : prendre la responsabilité de cette circulation d'énergies change tout aux échanges humains et demande de développer le grand art du changement de polarité[1] », dit Arouna Lipschitz.

© Groupe Eyrolles

1. Arouna Lipschitz dans *Artisans du devenir*, ouvrage collectif à paraître en 2010.

À travers l'équilibre du donner et du recevoir, le supervisé renforce deux compétences complémentaires tout au long de la supervision :

- la première lui permet de s'orienter, de décider et de choisir. Elle est du domaine de l'action concrète au quotidien ;
- la seconde consiste à se connaître en miroir en osant le contact avec l'autre. Elle est dans le champ de la relation.

Cette danse de l'action et de la relation est essentielle pour passer des enjeux de pouvoir à ceux de la puissance créatrice maîtrisée. Une fois ce premier enjeu défini, se pose la question du cadre dans lequel va être travaillée la demande du supervisé.

■ PASSER DU CONTRAT AU PACTE

Repenser les caractères essentiels de l'être ensemble

> *« Qu'est-ce qu'il en est du consensus nécessaire à toute vie en société ? Le "contrat social" en place depuis le XVIIIe siècle, contrat d'essence rationnelle, privilégiant le cerveau, domestiquant les passions et marginalisant les émotions est à bien des égards totalement saturé. Il est intéressant d'entendre utiliser sous des formes multiples le terme de PACTE ; cela souligne que le consensus ne se réduit pas à la rationalité, mais qu'il comporte une forte charge d'émotionnel et met en jeu passions et affects, valeurs. »*
>
> Michel Maffesoli

Se développer, cultiver et faire fructifier talents et compétences pour se réinventer dans son métier de coach n'est pas un « travail centré sur la tâche ». Cela demande un engagement à s'entraîner régulièrement au sein d'un cadre permettant de se renouveler en continu : le *pacte*. Pacte à l'intérieur duquel le coach entame avec son superviseur un dialogue constructif à partir de questions ouvertes sur ses rêves, son ambition, ses valeurs, ses enjeux d'évolution. Sa demande d'accompagnement se formalisera sous la forme d'une nouvelle alliance.

Comme nous l'avons dit en introduction, la notion de pacte confirme et complète l'engagement mutuel rationnel du « contrat » en ouvrant la possibilité d'une relation d'intimité partagée de haut niveau. Cette relation donne au coach des fondations solides pour le déploiement de sa puissance de création, tout en évitant les dangers de la toute-puissance.

L'enjeu de ce pacte de supervision est donc d'accompagner le coach dans sa capacité à créer en continu de nouveaux commencements pour lui et ses clients. Un nouveau commencement, ce n'est pas faire un peu mieux la même chose, en tentant de colmater les brèches et en espérant que les difficultés ne sont que des *pannes*, donc réparables à l'identique. Un nouveau commencement, c'est se remettre au point zéro, comme un budget base zéro : c'est revenir à l'origine de ses choix et retrouver la vitalité de son désir d'origine.

Le pacte dans lequel s'inscrit le processus de supervision favorise l'émergence et l'harmonisation des principes d'ouverture et de structure issus de l'approche des systèmes vivants :

- l'*ouverture* permet l'autogénération, donc d'entrer dans un état réceptif, de retrouver curiosité, spontanéité, présence, et d'exprimer joyeusement son génie naturel ;
- la *structure* permet l'auto-organisation, donc de construire une base solide, de se détendre enfin, de prendre le risque de confronter, et même de prendre plaisir à jouer avec de nouvelles options décoiffantes.

Le pacte dessine un vaste contexte créateur au sein duquel expérimenter et chuter font partie du processus d'innovation et de croissance harmonieuse. On sait, depuis Edison et ses ampoules, qu'une erreur est toujours du feed-back et une invitation à explorer une autre idée qui, celle-là, marchera. C'est possible si la créativité est suffisamment soutenue et structurée par des protections, des « encouragements », des permissions. Toute la question est de savoir quelle protection ou quelle permission est appropriée pour que supervisé et superviseur osent entrer dans ce processus créatif.

Même si chaque relation est heureusement unique, quelques repères peuvent cependant nous guider :

- ne pas prendre la relation avec l'autre pour acquis, continuer à s'ouvrir à ce qu'il devient, commencer chaque rencontre comme si c'était la première fois avec *l'œil du débutant* ;
- accueillir les limitations de chacun, apprécier les différences... se rapprocher ;
- laisser de l'espace dans la relation pour l'imprévu, l'intuition, le mystère... ;
- faire évoluer le pacte, chaque fois que c'est pertinent, pour le garder vivifiant.

Il s'agit surtout de renoncer à essayer d'être efficace, au sens de se modeler sur un concept d'efficacité, et de laisser ses qualités faire le travail : s'asseoir et permettre aux idées de survenir... Oser une conception élastique, donc imprévisible, de *ce que je suis*, de ma stratégie... Celui qui a fait le chemin pour lui-même est congruent pour accompagner les autres sur le leur.

Exemple de supervision : changer de niveau de clients

> *« Ce serait dommage de ne rien faire sous prétexte*
> *que nous ne pouvons pas tout faire. »*
> Winston Churchill

Hector, coach interne, est en supervision pour réfléchir sur son désir de devenir coach de dirigeants. Il formule ainsi son ambition : *« Mettre de la cohérence globale dans l'entreprise en tenant compte des clients, des collaborateurs, du business. »* C'est un excellent professionnel depuis des années, mais il entretient des relations difficiles avec les dirigeants de son organisation qu'il évite le plus possible ; ceux-ci le lui rendent bien et bloquent son évolution. Il se sent dans une impasse.

Dès les premières séances de supervision, Hector est confronté à la nature de son ambition et à la découverte de son véritable enjeu d'évolution. L'ambition peut être une exigence créatrice ou une exigence qui coince et impose des contraintes paralysantes. Dans le premier cas, l'ambition est un *moyen* qui libère créativité et détermination à agir en accord avec nos valeurs. Dans le second, l'ambition en tant que *finalité* entrave notre action car elle entre en opposition avec des *saboteurs* internes : les petites voix contraignantes « dépêche-toi, fais plaisir, sois fort, sois parfait, ou fais encore des efforts », assorties de menaces sévères.

Le saboteur privé d'Hector l'écrasait d'un humiliant : « *Tu ne seras jamais à la hauteur* », ce qui était apparemment confirmé par son environnement. Pour dissimuler cette non-valeur de soi, Hector met souvent en avant son désir de perfection et sa rigueur. « *Je suis durement exigeant avec les autres comme je le suis avec moi-même* », dit-il fréquemment. Essentiellement focalisé sur ce qui n'a pas été *bien* fait dans le passé, il rumine, culpabilise et tourne en rond : « *Je ne suis pas assez bon… J'aurais pu mieux faire… »*

Pour éviter cette humiliation lorsqu'il se sent « en risque », Hector se met en *mode contrôle* et bloque tout réel apprentissage. L'attention constante et les retours de son superviseur sur la qualité de ses missions vont par la suite conforter son besoin de reconnaissance ; les petites voix s'éteignent peu à peu.

De plus, Hector se rend compte rapidement que son principal obstacle est le jugement qu'il porte sur ceux qu'il nomme « *carriéristes* », ceux qui occupent des positions élevées, « *coupables de vouloir le pouvoir dans le seul but de faire progresser leur carrière* ». Ce jugement entrave son propre développement : l'idée même de s'occuper de sa carrière le culpabilise à l'avance, car il sait intellectuellement qu'il ne peut coacher des gens qu'il disqualifie sans se trahir et se disqualifier lui-même… Pris dans cet interdit à plusieurs vitesses, il tourne en rond et se met régulièrement en échec tout en accumulant rancune et exaspération.

Se relier au meilleur de son ambition l'a soutenu dans la résolution de ce paradoxe. Grâce à son fort désir d'apporter plus de cohérence à l'extérieur, il a pu entreprendre, au fil des sessions, un dur travail pour se donner plus de cohérence à l'intérieur : explorer comment il peut prendre soin de sa carrière sans trahir ses valeurs d'intégrité et sans tomber dans les travers qu'il reprochait aux autres.

Dur travail car des rechutes et des erreurs il y en eut, ainsi que des remontées d'émotions négatives associées à des aspects de sa personnalité qui ne supportaient pas le risque de perdre le contrôle. Il a su trouver le courage d'explorer les limites de ses certitudes et de procéder à un nettoyage patient de ses fausses identifications, puis de les transformer en énergie pour continuer à avancer. Il est important, dans ce passage plus sombre, de ne rejeter aucune réponse, de ne pas juger mais d'examiner vraiment, sans filtres.

Pour cela, le miroir que lui a tendu son superviseur lui a permis d'aller beaucoup plus loin : d'aborder les choses avec un questionnement ouvert, plutôt que d'avoir une notion limitée et préconçue de ce qui se passe ; d'éviter de se fixer dans des généralisations statiques mortifères : disqualification, culpabilisation, cynisme...

Il s'est autorisé avec plaisir à rencontrer plus souvent *des gens de pouvoir* et à les accompagner sur ce chemin hasardeux vers plus de cohérence.

Il a su décrypter en posture méta comment, dans les situations où, pour montrer son savoir-faire, faire mieux qu'un autre ou produire une impression, son **ambition** de **réussir parfaitement** l'emportait. Cet excès de conscience de soi entravait son attention, sa présence et interférait avec le libre exercice de son vrai talent. *En arrêtant d'essayer trop fort* et en sachant être moins obsédé par ses objectifs, Hector a pu sortir de la prison de son perfectionnisme.

Libéré de ses habitudes mentales dépassées, il lui est possible alors de capter l'essentiel de la situation sans distorsion du fait d'idées préconçues, puis d'agir en s'étonnant de la somme d'énergie récupérée. Animé par une ambition transformée en *moteur*, il a renforcé sa cohérence interne, et donc sa capacité à apporter de la cohérence aux autres. *« J'apprécie ce que j'ai déjà fait et cela me donne de l'élan pour voir ce que j'ai envie de continuer à apprendre et affiner »*, confie-t-il. Continuer à avancer et explorer des chemins inattendus, telle est la suite de l'aventure.

Pour rester efficient avec justesse, comme dans l'histoire zen de cet artisan boucher qui utilise son couteau pendant vingt ans ; celui-ci reste comme neuf car il enfonce le tranchant dans l'interstice des jointures. Alors qu'un bon boucher le garde un an car il coupe la chair… Un boucher ordinaire, lui, le garde un mois car il coupe les os. Sommes-nous de médiocres bouchers dont les couteaux s'émoussent ? Ou seulement de bons bouchers qui cherchent sans cesse… de nouveaux outils ?

▨ TRANSMETTRE AVEC HUMILITÉ

> *« Le partage des connaissances, c'est comme la flamme*
> *d'une bougie dont on se sert pour allumer une autre bougie.*
> *Au final, on a gagné deux fois plus de lumière. »*
> François Lavallée

> *« Nous nous bornerons à dire que l'humilité*
> *est la modestie de l'âme. »*
> Voltaire

La coopération entre un coach et un superviseur avec des objectifs de transmission est-elle possible ? Ne s'agit-il pas d'un leurre « commercial » ou juste, peut-être, d'un effet d'annonce dans une démarche professionnelle « d'accompagnement des individus et des groupes » ?

L'importance de la transmission qui circule entre les uns et les autres de ces professionnels est généralement sous-estimée. Il se peut que tous les superviseurs ne se sentent pas concernés par cette volonté, ce désir de partager leur expérience, de passer le flambeau, qui se concrétise par le besoin de transmettre un modèle, un savoir, une façon de faire, une posture, un regard sur la vie, ou sur leur métier.

Le plus souvent aucune communication explicite ne vient informer sur les échanges de savoir-faire entre les superviseurs et les coachs, ou entre les coachs et leur superviseur. Pourtant, de notre point de vue, chacun peut sortir gagnant d'une démarche fondée sur la circulation, le passage, la transmission des compétences.

Pour le coach supervisé

Cet enjeu s'impose souvent dans l'urgence : comment repérer les compétences modélisables, détenues par le superviseur pour pouvoir rapidement les « exploiter » sur le terrain avec ses propres clients ? *« Dès la semaine prochaine, je vais essayer cette façon de faire, ce nouveau modèle, etc. »* Comment sortir de l'urgence ? Dans l'idéal, quel est l'état d'esprit dans lequel devrait se trouver un coach qui vient en supervision ?

Au-delà des pièges de l'ego, un état d'esprit que nous nommerons ici l'humilité, en se référant à son sens premier qui évoque l'humus, la terre et la capacité à se relier à ses vraies racines et à rechercher concrètement son chemin. Cette humilité tranquille crée le terrain favorable pour diminuer susceptibilité et orgueil, et entrer en supervision avec une disposition facilitant une remise en question permanente. En outre, la capacité à accueillir avec simplicité et à travailler de manière plus alerte sur des options à partir d'un questionnement du superviseur est également un indice de maturité croissante.

Le superviseur constatera que son client parvient désormais à déceler des liens subtils entre différents niveaux de relation (« reflets ») et entre différents leviers (processus, outils, modèles...) intervenant dans son métier, et qui semblaient lui échapper jusque-là.

La nature de la demande et la qualité d'exigence du supervisé évoluent au cours des séances de travail, révélant combien il a progressé. C'est certainement là que réside la première source de satisfaction du superviseur. À quel moment un superviseur peut-il de bonne foi s'estimer heureux de son travail ? La première réponse se trouve probablement dans le fait de voir son supervisé venir à sa séance avec une attitude de questionnement plus mûre, mieux travaillée qu'à ses débuts. Il a acquis plus de pertinence, il ne se contente plus de poser des questions pour obtenir des réponses-solutions... Il fait des liens, il n'est plus en quête de « réassurance rapide », il est prêt à approfondir sa réflexion.

Pour le superviseur

L'humilité est la valeur qui transforme en positif le pouvoir lié à son statut. La puissance énergétique qui en découle est mise au service d'une présence légère et d'une écoute fécondante, sources d'échanges vivifiants. Le désir et la capacité d'assumer le rôle de superviseur s'incarnent dans des qualités comme la compétence de soutenir, d'offrir un support stable, solide, fertile et fluide.

Pour le superviseur, à ce stade, il y a bien transmission, don, partage d'une compétence, d'un savoir, presque d'un « secret profes-sionnel ». Avec l'idée d'un apprentissage en continu du métier de coach, avec l'humilité et la maîtrise d'un artisan au service de son art. Un peu comme le compagnon qui accomplit son Tour de France. C'est d'ailleurs la métaphore qui inspire notre réflexion sur la trans-mission pendant la supervision : le compagnon rencontre tour à tour différents « maîtres artisans » qui lui transmettent les secrets de leur art et, à la fin du voyage, il crée son propre « chef-d'œuvre » pour devenir maître à son tour.

Au fond, qu'apporte le supervisé dans cette relation qui puisse être reçu par le superviseur et les autres membres du groupe comme de nouvelles compétences ? Une transmission réussie des savoirs, savoir-être, savoir-faire, savoir devenir, ne s'improvise pas. Il s'agit de transférer une expérience construite dans le temps et qui porte sur des savoirs qu'il n'est pas facile de modéliser.

Souvenez-vous de la question que l'on se pose tous quand on commence sa supervision : *« Suis-je un bon coach ? »* Peu à peu, le supervisé a suffisamment construit sa confiance en lui et dans ses capacités personnelles, au-delà de ses outils et de sa technique, pour pouvoir poser un regard plus lucide sur lui-même, son client et sa mission. Lorsqu'un superviseur constate cette métamorphose, quand il voit que son supervisé regarde désormais très haut et très loin, il peut lui dire, au terme de quelques années : « *Nous avons bien travaillé.* » Quand son client est capable de regarder vers l'infini, c'est qu'il a fait un bon bout de chemin et que le but approche.

Et ce constat comporte aussi une exigence pour le superviseur : rester soi-même, tel l'« artiste » qui contemple son œuvre, ici la réussite de la transmission.

La position de chacun est importante, car nous sommes proches d'un acte professionnel de grande qualité sur le chemin « du maître à l'élève ». Soyons très prudents quant aux mots employés ; ils ne s'agit pas de confondre les chemins d'apprentissage entre le « maître et son disciple » et le « superviseur et son supervisé ». Si, pour nous, il y a bien transmission dans les deux cas, la différence fondamentale vient de la DEMANDE.

Pour le premier, il s'agit d'une demande d'enseignement. Le maître, en effet, apparaît d'abord comme un modèle à imiter, dépositaire d'un savoir, d'une expérience, voire d'une sagesse. Essentiellement ressentie comme une relation intergénérationnelle, elle fera vivre un ensemble de sentiments qui fondent cette relation spécifique ; respect, admiration, vénération, mais aussi doute, contestation, rejet, trahison, autant d'étapes traduisant l'évolution de l'élève jusqu'à l'achèvement de sa formation et sa séparation d'avec son maître. Parfois pour que lui-même prenne le relais avec ses propres élèves.

Pour le superviseur et le supervisé

La demande est bien différente. Il s'agit effectivement d'un accompagnement, d'un cheminement commun vers une coélaboration des compétences dont l'enjeu, pour les deux parties, est la construction d'un meilleur professionnalisme pour chacun « là où il se trouve » ; que ce soit dans la relation, les processus, les comportements, la gestion des émotions, peu importe, l'idée étant de cheminer ensemble et que chacun soit en mesure d'apprendre ce qui lui est nécessaire dans son métier. Pour nous, cette notion de transmission avec humilité suppose de nombreux résultats comme éveiller des rêves, des talents non utilisés et faire du moment présent le meilleur tremplin de son avenir. Il nous semble aussi, comme le disait Platon[1], que le superviseur et le supervisé doivent chacun convenir d'une place claire, d'une façon de travailler, et des résultats visés par chacun pour permettre à l'un et à l'autre d'atteindre en toute humilité la satisfaction du travail accompli, même imparfait, qui préserve ce qui fait l'essentiel de notre démarche : le respect et la promotion des valeurs humaines !

En conclusion, il est essentiel de reconnaître que dans ce processus de transmission, chacun aura investi humblement les qualités nécessaires à la réussite de la transformation mutuelle.

■ DE LA CODÉPENDANCE À LA CORESPONSABILITÉ ET À LA COCRÉATION

> *« Questionner devant tout obstacle, résistance ou perte :*
> *que puis-je faire d'autre ? Cette simple question est*
> *le soubassement de toute construction. »*
> Joseph Rudyard Kipling

Dans le monde d'aujourd'hui, la nécessité de savoir se relier à d'autres pour réaliser un projet, l'impératif de progresser dans la compétence du « savoir réussir ensemble » créent de belles opportunités de travail en supervision. Pour un coach, se reconnaître

---

1. Platon fut l'un des premiers à le souligner dans *Le Banquet* : « enseigner » n'est pas « fusionner », et l'efficacité philosophique du rapport entre l'enseignant et l'enseigné dépend tout autant de l'affection qui les unit que de la distance qui les sépare.

comme cocréateur avec ses clients passe par un questionnement sur le sens de ce qui est à créer : à quoi ça sert ?

C'est pourquoi un des enjeux de la supervision sera de se centrer sur la reconnaissance, puis la formulation, du sens contenu dans chaque situation, au moment où elle se présente. Les contributions de Jacques-Antoine Malarewicz et Daniel Grosjean illustrent différentes façons d'y parvenir.

Devenir cocréateur implique aussi de remonter à l'origine de la création. Se poser dans une relation de supervision, reconnaître ce qu'il y a eu avant et au-dessus de soi, permet d'accéder à son véritable potentiel de créativité, à condition d'avoir su faire évoluer cette relation de la codépendance à la coresponsabilité, puis à la cocréation.

Exemple de supervision : sortir de la codépendance

> *« La plus belle chose que nous puissions éprouver, c'est le côté mystérieux de la vie. C'est le sentiment profond qui se trouve au berceau de l'art et de la science véritable. »*
> Albert Einstein

Octave apporte en supervision le cas d'une cliente **qui lui donne tout pouvoir** : elle se met toujours en position basse extrême : dépassée, débordée, elle ne peut pas tout faire… Elle n'est donc pas impliquée. Elle appelle Octave son « ange gardien », celui qui comprend tout et qui est capable de tout accepter d'elle, pas comme sa hiérarchie. Ce qui, en soi, est une réalité. En fait, elle l'invite dans un jeu : *« Puisque vous êtes mon ange gardien et que vous comprenez tout, vous accepterez aussi que je ne fasse pas lors de nos séances de travail ce sur quoi je me suis engagée. »* Cela lui permet de mettre en place des dérives pour ne pas faire : le coaching est dans une impasse.

En supervision, Octave identifie ce qui l'a gêné dans cette histoire d'ange gardien : il s'est retrouvé coincé dans le rôle du coach *parfaitement* bienveillant. Cela a attisé sa vigilance sur ce qui se passait entre eux comme reflet systémique :

- elle est dépendante de son pouvoir de lui donner la permission d'être ce qu'elle est sans restriction et de la protéger comme un ange gardien ;
- lui, il s'est fait prendre au piège ultime d'une possible toute-puissance.

À partir de cet éclairage, il a su confronter le non-changement de sa cliente tout en maintenant la relation. Il a posé à nouveau la nécessité de revenir sur leurs engagements réciproques, de les prendre d'un commun accord, de renouer un *pacte* qui permet de se dire les choses dans ce cadre avec bienveillance, mais de façon implacable, et de s'autoriser à faire autrement en coresponsabilité.

Lorsque la coresponsabilité de ce qui se passe en supervision est installée solidement, supervisé et superviseur peuvent franchir un pas de plus dans la qualité de leur relation, en développant une vraie posture de cocréation.

Devenir cocréateur implique de transformer son point de vue sur la vie en société : celle-ci n'est plus seulement faite de contraintes et de problèmes à résoudre, mais appréhendée comme une énigme où la création collective est possible à chaque instant.

Une mutation radicale des vieux schémas de pensée s'impose pour accéder à une vision de l'être humain moins partielle. Si je continue à penser : *« Les choses doivent se passer ainsi, sinon il y a quelque chose qui ne va pas avec moi, avec eux ou avec ça... »* ou *« Je ne peux voir à l'intérieur de l'être humain que de l'endroit en moi-même d'où je regarde »*, alors ce point de vue réducteur est disqualifiant, cela limite ma capacité à me relier aux autres. Il s'agit ici de changer son regard de « pro » pour qu'il ne soit pas celui d'un proxénète, « celui qui relève les compteurs », et de sortir de l'instrumentalisation de ses outils, de ses clients et de soi-même. Dans le champ de la cocréation, il n'y a pas de « problème » mais seulement des questions : que se passe-t-il ? Qu'est-ce qui manque pour concrétiser ?

Exemple de supervision : choc culturel et cocréation

> *« Rencontrer un homme, c'est être tenu en éveil par une énigme. »*
> Emmanuel Lévinas

Pamela, coach senior, participe à une mission d'accompagnement pour *la réussite de la fusion* de deux entreprises internationales. La demande de la direction est de coacher les équipes des principales directions afin de les rendre cocréatrices d'une nouvelle culture commune. L'ampleur et la complexité de cette demande au niveau international nécessitent également que Pamela sache nouer une véritable *alliance* avec des coachs et des experts d'autres cultures, avec qui elle va collaborer pendant de longs mois.

Pamela sait intellectuellement que le choc des cultures renforce sa propre difficulté, comme celle de ses clients, à cocréer. L'autre, l'étranger, est une énigme encore plus obscure et lointaine lorsqu'il ne parle pas la même langue et que sa culture commande d'autres évidences pour la réussite des affaires. Le défi s'accroît avec le nombre de cultures participant au projet : métiers, nationalités, genres, âges. Elle sait que ce défi est riche d'opportunités si l'équipe de coachs et celle des collaborateurs de la nouvelle entité savent sortir des « il faut » et des « c'est vrai » ou « c'est faux » pour les reconnaître seulement comme des interprétations limitées. Surfer avec la complexité de cette diversité pour la déployer comme un levier créatif est l'enjeu que Pamela vient travailler en supervision : elle veut renouveler en profondeur sa façon d'entrer en relation avec l'autre dans un contexte multiculturel.

Au-delà de la compréhension analytique du choc culturel, Pamela développe en supervision sa capacité à sentir et à reconnaître ce qui se passe en elle et chez l'autre. Elle ose se dégager peu à peu des contraintes du langage verbal et de ses limites, pour se relier et se rendre *présente* au courant universel de compréhension qui traverse les cultures. Elle renforce d'autres modes d'expression comme la communication symbolique, le langage non verbal, la mise en mouvement, l'utilisation de l'espace.

Au cours des rencontres de supervision, la compréhension banale de la différence chez ses collègues et « clients » étrangers évolue vers le développement d'une écoute et d'un nouveau point de vue qui lui font découvrir, au-delà de sa représentation personnelle, une façon très profonde de connaître l'autre et de s'ouvrir à sa perspective. Un lieu où les contraires peuvent se rapprocher et laisser advenir « une re-connaissance de l'étranger » qui rend la rencontre et la cocréation possibles : les blocages sont dépassés, la puissance et les compétences enfouies peuvent émerger.

Au fur et à mesure de l'avancée de sa mission, elle sait de mieux en mieux se situer en position *méta,* au centre des différents points de vue. Elle propose à son tour, à ses collègues et à ses clients, de se poser régulièrement dans cet espace privilégié pour observer d'abord à distance ce qui se passe entre eux, puis pour respirer, apaiser leur ressenti, trouver le calme et laisser revenir leurs ressources. Dans un premier temps, ils parviennent à se rapprocher et retrouvent plus de confiance pour confronter ensemble les préjugés et les paradoxes qu'ils rencontrent. Puis, dans un second temps, ils laissent émerger des réponses réellement innovantes. Pour se développer concrètement, la confiance en soi et en l'autre nécessite de « prendre corps », ce qui active un processus interne créatif et régénérateur ; sinon celui-ci reste à l'état de potentialité.

La suite dépend de nous, de notre capacité à **accueillir en « amoureux de la vie » ce qui se présente et à y répondre**, à partir d'une tension à l'intérieur de soi, comme l'artiste en train de créer est à la fois totalement présent à ce qui l'entoure et tout entier tendu vers l'avenir de ce qu'il veut créer... Le changement peut ainsi s'effectuer librement à chaque instant. Mais souvent nous préférons choisir le chemin de moindre résistance... Nous sentir mieux... opter pour le confort... Nous aborderons ce point dans le prochain chapitre.

Chapitre 2

De quelle peur s'alimente notre rapport au pouvoir ?

« Lorsqu'il apprend à marcher, l'enfant renonce au confort des appuis qui lui permettaient d'avancer vite sur ses mains et ses genoux. En voulant s'élever et se mettre debout, il chutera souvent avant de goûter au plaisir de se tenir droit sur ses deux jambes et de courir s'il le souhaite. »

Pour chacun – dirigeant, responsable, coach –, accepter d'aller vers une puissance encore inconnue, c'est accepter de *traverser d'abord l'inconfort, source de nombreuses inquiétudes*. Ce choix d'évolution est le plus grand déclencheur de demandes de supervision. Il survient chaque fois qu'un coach se demande :

- Comment continuer à évoluer ?
- Que me disent sur mon évolution « ces clients compliqués » qui viennent me voir ?
- À quel endroit vais-je déposer mes questions, mes doutes, mes peurs ?

■ NOTRE RAPPORT AU POUVOIR EST RELIÉ À NOS PEURS

La brutalité des relations de travail en temps de concurrence forte (interne et externe), de crise et de restructuration, où chacun se bat pour son emploi avec un sentiment d'indifférence générale, est souvent au centre des coachings actuels. La supervision est un espace privilégié pour reprendre souffle et retrouver l'envie d'accompagner ses clients dans la recherche de nouvelles options.

« Souvent, si je joue le jeu du pouvoir, c'est que j'ai peur de quelque chose. J'ai peur de mes faiblesses, ou j'ai peur que l'on voie mes faiblesses. Si je mets une cuirasse, c'est pour montrer que je suis le plus fort, et donc je crains d'être blessé. Je vais être plus dans l'attaque, dans la force, dans la puissance violente ou contrôlée, ou dans la capacité à tenir, à encaisser et à ne rien montrer, mais tout cela est bien en résonance avec des peurs », disait le client d'un de mes supervisés.

Inversement, un autre se montrera toujours conciliant, coulant ou silencieux dans le but identique d'éviter tout risque : ses peurs conscientes ou inconscientes pilotent ses choix.

La crainte permanente du rapport de force avec quelqu'un de plus fort que soi colore ainsi tout le rapport au pouvoir et à la *survie*. Cette crainte maintient en état d'alerte permanente des systèmes de défense répétitifs et procure une fausse sécurité, mêlée de défiance ou de méfiance.

Les comportements de survie sont aujourd'hui bien connus à travers toutes les recherches sur le stress, qui démontrent qu'en cas de danger perçu les défenses pour y échapper se mettent en place, sans avoir à réfléchir – et pour la partie du cerveau qui pilote la réaction au stress, tout ce qui est inconnu, même positif, peut enclencher une réaction de défense.

Les différentes réactions possibles au stress sont fuir, attaquer ou se figer (*flee*, *fight*, *freeze*) :

- fuir : je me sens impuissant et je m'enfuis le plus vite possible pour échapper au danger ;
- attaquer : je me sens peut-être assez puissant, et je me bats pour gagner ;
- se figer : je suis sidéré et je ne bouge plus, je tiens bon en espérant que ça s'arrête.

Pour pouvoir suivre ses clients dans cette dimension, le coach a, lui aussi, à réfléchir sur sa façon de traiter les peurs qui jalonnent les étapes de son propre voyage[1] à la rencontre de Soi et de l'Autre. Les étapes principales que nous allons aborder ci-dessous sont :

- entendre l'appel de sa quête ;
- franchir le seuil ;
- rencontrer ses alliés ;
- danser avec son dragon ;
- accomplir sa quête.

En effet, au début du voyage, la peur peut nous empêcher d'entendre l'*appel* et nous faire renoncer à nos questions (notre quête pour plus de vie) : la peur de ne pas être à la hauteur de cet *appel*, la peur d'exister en tant que *JE*, sujet autonome.

Si nous persistons et nous approchons du *seuil*, alors la peur incarnée par le *gardien du seuil* nous teste et nous protège quand nous ne sommes pas encore prêts à dire OUI à l'inconnu : peur de manquer de moyens, peur de ne pas savoir assurer sa sécurité et celle de sa famille, peur d'échouer...

Ensuite, au moment de nouer des *alliance*s avec les inconnus croisés sur le chemin, nos anciennes difficultés relationnelles rallument la peur de l'autre, d'être trahi, abandonné, blessé, humilié.

---

1. Voyage inspiré de celui présenté par Joseph Campbell, *Le Héros aux mille et un visages*, Oxus, 2010.

Puis, dans la rencontre avec le *dragon*, notre ombre la plus destructrice se réveille, et avec elle la peur de mourir physiquement ou symboliquement et de perdre tout ce qui constitue notre identité sociale.

Enfin, au moment où le succès est possible et avec lui l'*accomplissement de la quête*, nous nous arrêtons parfois, le souffle et surtout le plaisir coupés par la peur de réussir, liée à la peur de... mal finir.

Peurs	Jeux de pouvoir en réaction	Sujets traités en supervision
La peur de ne pas être à la hauteur	Disqualifier soi, l'autre, le projet	Reconnaissance, légitimité, jugement
La peur de manquer	Renoncer à son développement	Prospérité, ancrage dans la réalité
La peur de l'autre	S'isoler, couper les liens	Intimité, guérison des blessures
La peur de mourir	Dominer, refuser la confrontation	Courage de dire, apprendre à recevoir
La peur de réussir	Sabotage, scénario « presque », test, perfectionnisme	Admiration, gratitude, humilité

La peur de ne pas être à la hauteur

Elle est liée à la première phase du voyage, l'*appel*. Elle est présente chaque fois qu'en supervision, par exemple, le coach évoque une situation de référencement ou de *shopping*. Le terme vient de l'*outplacement* : le client fait du « *shopping* », c'est-à-dire qu'il rencontre plusieurs consultants potentiels afin de sélectionner celui qui va l'accompagner.

Dans le cas d'un coaching prescrit (où la demande de coaching émane en premier lieu d'un prescripteur interne), il est important, pour parvenir à une relation de qualité, que la personne coachée choisisse elle-même son coach. Cela préserve sa part d'autonomie, car elle n'a pas vraiment décidé de faire un coaching. Elle l'accepte pour toutes sortes de bonnes et de mauvaises raisons, mais choisir son coach lui permet de devenir sujet et véritable partenaire dans la relation.

La présentation de plusieurs coachs à un client potentiel et le choix qui en découle constituent donc un temps fort de l'établissement d'une relation entre deux sujets.

Appeler ce moment *« shopping »* est dévalorisant pour le coach, réduit à l'état passif de produit consommable. Surtout que, de son côté, le coach a lui aussi à choisir son client, ou plutôt à décider s'il se sent compétent pour l'accompagner sur sa demande et dans son contexte. C'est même la caractéristique d'un vrai professionnel que de pouvoir dire NON à certaines demandes, car cela valorise la force de son OUI (nous y reviendrons plus loin).

Cette situation de *shopping* vient susciter chez certains coachs la mémoire de paroles blessantes entendues à la suite d'échecs plus ou moins digérés. Se sentant en situation d'examen, certains se disqualifient eux-mêmes, et cela leur fait perdre leurs moyens. D'autres, voulant séduire, se masquent sous un joli emballage que leur client crédule va acheter. Non seulement ils disqualifient ce qu'ils sont en le dissimulant, mais ils disqualifient aussi leur client en ne le croyant pas capable de discernement. Dans la suite du coaching, ils vivront dans la peur d'être découverts ; cela renforcera un complexe d'imposteur qu'il ne sera pas facile de dépasser.

« Raté » ou « réussi », *le shopping* permettra, en supervision, de revenir sur les failles du besoin de reconnaissance, de construire par l'attention et la valorisation sans complaisance du superviseur les fondations intérieures d'une véritable confiance en soi : être reconnu, se détendre, se connaître, se montrer honnêtement... C'est aussi l'occasion de reprendre un travail – jamais fini – sur la propension à juger, à se dénigrer soi-même, l'autre, la société.

Ces situations de compétition, sources de disqualifications croisées, sont fréquentes dans le monde du travail. Le coach, libéré de son humilié persécuteur interne (c'est-à-dire de ses doutes et de ses peurs internes), pourra donner à son client toute son attention dans l'exploration de son propre chemin.

La peur de manquer

Elle survient au moment de *franchir un seuil* important dans son développement professionnel, seuil qui implique de lâcher des activités anciennes pour faire place à une activité nouvelle.

Ainsi, en supervision, un coach apportera ses difficultés à proposer concrètement à ses clients ou à son réseau la nouvelle offre sur laquelle il travaille depuis longtemps. Un autre, de façon plus subtile, remplira complètement son agenda avec des missions anciennes, dites « *alimentaires* », qui l'intéressent de moins en moins, mais qui sont sûres. Il parlera à son superviseur de sa fatigue croissante ou de sa gestion du temps… Un autre encore continuera à se présenter comme *formateur* alors qu'il est formé au coaching d'équipe, et dira en supervision ses doutes sur la maturité de ses clients en matière de coaching. Chacun, à sa façon, dit sa peur de risquer ce qui constitue sa sécurité et celle de sa famille ; il se culpabilise et s'impose de *tout* conserver, de ne renoncer à rien de son identité ancienne. Parfois cette peur est pertinente, elle le protège, car les ressources pour aller vers le nouveau sont à conforter. Parfois c'est une peur ancienne, déguisée sous les habits du réalisme, qui l'emprisonne et assèche sa créativité.

La supervision fera émerger la demande réelle qui se cache derrière ces freins. L'ouverture à une nouvelle prospérité est une des pistes que le coach explorera pour approfondir sa sécurité intérieure. L'ancrage dans sa réalité concrète lui permettra d'oser se lancer, si le moment est venu, dans un passage *à vide* riche d'incertitudes. Il sera alors lui-même congruent pour accompagner ses clients qui en sont à cette étape.

De nombreux professionnels rencontrent aujourd'hui ce passage vers l'inconnu : leur métier est supprimé, leurs conditions de travail changent dramatiquement, leur besoin de sécurité est sévèrement attaqué par cette période d'incertitude. Se replier sur le connu est parfois impossible. Apprendre à vivre autrement sa peur de manquer devient prioritaire pour être réceptif à la direction qui se dégage, et réussir à mobiliser ses ressources réelles sur un nouveau projet.

La peur de l'autre

Lorsqu'un coach a pris la décision de franchir le seuil, il fait de nouvelles *rencontres*, riches d'opportunités de nouvelles *alliances*. Il lui arrive parfois de rencontrer une peur apparemment étrange pour un professionnel de la relation : la peur de l'autre, de l'intimité. Ce sera pour lui l'occasion de revenir en supervision sur ce thème, qu'il avait cru traiter à ses débuts dans son travail de développement personnel.

Souvent il s'est engagé dans ce métier pour dépasser, en les réparant, de vieux chagrins suscités par le manque de compréhension ou par des conflits destructeurs. N'ayant pas reçu assez d'attention ni de signes de reconnaissance de la part de son entourage, il a décidé de combler ce manque en en donnant autour de lui, et de le faire de façon très professionnelle. Mais s'il a appris à donner, il ne sait pas toujours recevoir de l'autre. L'autre pourrait se montrer décevant, il importe donc de se protéger, de s'isoler et de ne rien attendre de l'extérieur ou, du moins, d'en avoir l'air : faire seul, ne compter que sur soi-même est plus sûr.

L'évolution de la qualité de la relation avec son superviseur, confortée par un travail systémique, peut l'accompagner dans la dissolution de sa vielle cuirasse de méfiance ou de défiance. Le développement de son discernement, nettoyé des distorsions du passé, l'aidera à sortir de son isolement. Il apprendra à cesser de se réfugier dans l'apparence pour se relier autrement. Dans ses coachings, il saura explorer avec ses clients les lois de l'échange réciproque, qui ouvrent le champ de l'intimité. En retour, ses clients apprivoiseront une nouvelle sensation, celle de ne plus se sentir aussi seuls. Cette expérience réussie avec leur coach leur permettra de poser un autre regard sur leurs relations et d'apprécier enfin que *tout est lien*.

La peur de mourir

S'engager dans des projets d'envergure oblige à repousser ses limites, cela rend vulnérable et hésitant devant l'obstacle. La peur de mourir dans l'aventure se manifeste parfois concrètement, parfois symboliquement ; c'est notre peur la plus profonde.

À ce moment de son évolution, le coach, fragilisé, apportera en supervision des situations où il se sent en grand danger. Fuir, se battre… Il lui faudra du temps pour cesser de vouloir contrôler la situation ; du temps pour épuiser ses stratégies habituelles et reconnaître que, cette fois-ci, rien ne marche. Dire enfin *« Je ne sais pas »* permet d'entrer dans un échange plus profond avec son superviseur, et de traverser à son rythme le sentiment d'*impuissance acquise*.

Prendre du recul en supervision ouvre un espace de respiration. Il lui est alors possible de lâcher ses réactions défensives. Puis de se mettre en état de réceptivité profonde de ce qui se passe en lui et à l'extérieur – c'est la *loi du dedans dehors*[1] – afin de prendre la mesure des enjeux internes que présente la situation :

- Comment aborder autrement qu'en position de *dominant* ou de *dominé* les conflits ?
- Qu'est-il appelé à devenir pour réussir son projet ?
- Quel nouvel apprentissage interne lui permettra de répondre constructivement au défi extérieur ?
- Autre… ?

---

1. Loi selon laquelle ce qui se joue dans notre environnement – *dehors* – est en miroir avec ce qui se joue en nous – *dedans*.

Selon son histoire, il lui faudra trouver l'audace de se montrer, de dire qui il est et de confronter son entourage, de découvrir que mourir à ce qui n'est plus pertinent fait partie de la vie. Quelle que soit la forme sous laquelle il se présente, l'enjeu le plus puissant est de faire un nouveau choix de vie : enfin sortir des comportements destructeurs, écouter ce que la situation lui demande de renouveler et transformer l'énergie de sa peur en énergie créatrice.

Dans ses coachings, il saura explorer avec ses clients le champ de l'interdépendance constructive. En retour, ses clients découvriront le plaisir de cocréer à plusieurs, une fois dissous leurs vieux schémas de rapport de force. Ils pourront partager ce plaisir avec leur entourage professionnel.

Là est le secret de la véritable puissance : ouvrir son esprit, ouvrir son cœur, être capable de se mettre en danger pour pouvoir accueillir, recevoir et danser ensemble un nouveau commencement.

La peur de réussir

Derrière toutes ces peurs, se cache une autre peur, plus subtile et plus surprenante : la peur de réussir. *« Notre crainte la plus profonde n'est pas d'être insuffisant. Notre crainte la plus profonde est que nous soyons puissants au-delà de toute mesure. C'est notre propre lumière, et non pas notre obscurité, qui nous fait le plus peur. Nous nous demandons : qui suis-je, moi, pour être brillant, superbe, talentueux, fabuleux ? Il faudrait plutôt demander : qui êtes-vous pour ne pas l'être ?*[1] *»* déclare Nelson Mandela en 1994 dans son discours d'inauguration en citant Margaret Williamson.

Consciemment ou non, nous savons que la réussite se traduit par plus de visibilité, et souvent par l'accès à plus de responsabilité, à plus de solitude aussi. La peur de réussir serait donc liée, selon les

---

1. Nelson Mandela (1918-), homme politique sud-africain, est la figure symbolique de la lutte contre l'apartheid et fut le premier président noir de la République d'Afrique du Sud, de 1994 à 1999.

cas, à la peur d'être un responsable reconnu mais seul, ou à celle de devenir une cible pour les envieux, les jaloux et… de mal finir.

Cette peur se traduit par différents comportements dans la relation avec les clients, qui représentent autant de situations à traiter en supervision :

- Le sabotage consiste à jouer contre son camp, en disant ou en faisant ce qu'il faut pour échouer à coup sûr : impatience, cynisme, confusion, autoritarisme, oubli… Ces formes multiples sont redoutablement efficaces.

- Le scénario « presque » fait trébucher juste avant la fin du projet, décider de l'abandonner ou de ne pas le terminer complètement, et repartir sur une autre idée géniale. Un peu comme ceux qui, en entreprise, adorent entreprendre un *test* ou un *pilote*, mais qui ne vont pas jusqu'à le valider, car ils en commencent un autre, puis un autre.

- Le perfectionnisme, dont nous avons parlé au précédent chapitre, est aussi très efficace pour se gâcher la joie de la réussite : celle-ci n'est et ne sera jamais tout à fait parfaite.

Plusieurs chemins nous conduisent à transformer cette peur en une juste relation au pouvoir qui permet d'accéder à la réussite. Ils passent par le développement de la compétence d'admiration de ce qui nous dépasse, et cela nous empêche de nous croire « arrivés »… Ils passent aussi par la capacité de ressentir et d'exprimer de la gratitude pour ce qui nous entoure, et cela nous permet de goûter réellement chaque instant et de faire circuler la compétence d'appréciation dans notre environnement. Ils passent surtout par une nouvelle compréhension de la nature réelle du pouvoir que donne une fonction, un titre, un statut. Ainsi, pour un coach, le seul pouvoir qu'il détient réellement, dans l'accompagnement d'une personne ou d'une équipe, est celui que l'autre lui reconnaît.

Cette dimension d'humilité est cruciale et libératrice. C'est seulement parce que la qualité de la relation a donné à l'autre le désir de nous mettre en position de pouvoir l'accompagner, qu'il est possible de l'accompagner.

Au-delà des étapes qui jalonnent le voyage d'une vie profession-nelle, l'apport principal d'une supervision continue est de nous maintenir dans cette permanence de l'*inconfort*. Peu à peu, cet état instable s'apprivoise. Questionner régulièrement ses certitudes ouvre à une réflexion salutaire sur ses pratiques. Être prêt à ne pas toujours trouver de réponses rapides et rassurantes, apprécier de rester dans l'incertitude, devient source de régénération.

Dans ces temps de remise en question généralisée, savoir naviguer dans l'inconnu avant de découvrir l'autre rive génère la véritable sécurité.

■ UNE HISTOIRE D'EAU[1]...

Un porteur d'eau indien avait deux grandes jarres, suspendues aux deux extrémités d'une pièce de bois qui épousait la forme de ses épaules. L'une des jarres avait un éclat et perdait presque la moitié de sa précieuse cargaison en cours de route, tandis que l'autre jarre conservait parfaitement toute son eau de source jusqu'à la maison du maître. Cela dura deux ans, pendant lesquels, chaque jour, le porteur d'eau ne livrait qu'une jarre et demie d'eau à chacun de ses voyages. Bien sûr, la jarre parfaite était fière d'elle, puisqu'elle parvenait à remplir sa fonction du début à la fin sans faille.

Mais la jarre abîmée avait honte de son imperfection et se sentait déprimée parce qu'elle ne parvenait à accomplir que la moitié de ce dont elle était censée être capable. Au bout de deux ans de ce qu'elle considérait comme un échec permanent, la jarre endommagée s'adressa au porteur d'eau, au moment où celui-ci la remplissait à la source :

— *« Je me sens coupable, et je te prie de m'excuser. »*

---

1. Merci à Gérard Tiano qui nous l'a transmise.

— « *Pourquoi ?* », demanda le porteur d'eau. « *De quoi as-tu honte ?* »

— « *Je n'ai réussi qu'à porter la moitié de ma cargaison d'eau à notre maître, pendant ces deux ans, à cause de cet éclat qui fait fuir l'eau. Par ma faute, tu fais tous ces efforts, et à la fin tu ne livres à notre maître que la moitié de l'eau. Tu n'obtiens pas la reconnaissance complète de tes efforts* », lui dit la jarre abîmée.

Le porteur d'eau fut touché par cette confession, et, plein de compassion, répondit : « *Pendant que nous retournons à la maison du maître, je veux que tu regardes les fleurs magnifiques qu'il y a au bord du chemin.* » Au fur et à mesure de leur montée sur le chemin, au long de la colline, la vieille jarre vit de magnifiques fleurs baignées de soleil sur les bords du chemin, et cela lui mit du baume au cœur. Mais à la fin du parcours, elle se sentait toujours aussi mal parce qu'elle avait encore perdu la moitié de son eau.

Le porteur d'eau lui dit : « *T'es-tu rendu compte qu'il n'y avait de belles fleurs que de TON côté, et presque aucune du côté de la jarre parfaite ? C'est parce que j'ai toujours su que tu perdais de l'eau, et j'en ai tiré parti. J'ai planté des semences de fleurs de ton côté du chemin et, chaque jour, tu les as arrosées tout au long du chemin. Pendant deux ans, j'ai pu, grâce à toi, cueillir de magnifiques fleurs qui ont décoré la table du maître. Sans toi, jamais je n'aurais pu trouver des fleurs aussi fraîches et gracieuses.* »

La supervision avec l'approche systémique (contribution de Jacques-Antoine Malarewicz[1])

Dans les métiers de la relation d'aide, la formation des professionnels ne suffit pas. Ils ont besoin d'une supervision. Ces deux démarches sont complémentaires. Nous verrons d'abord comment justifier cette complémentarité. Il s'agira ensuite d'aborder ce en quoi l'approche systémique peut apporter un éclairage spécifique à la pratique de la supervision.

En fait, de ce point de vue, le superviseur se trouve dans la position d'aider son supervisé essentiellement sur trois points :

- la maîtrise du cadre de sa pratique, cette maîtrise conditionnant l'accès au contenu. Autrement dit, il s'agit d'être en position haute sur ce cadre et en position basse sur le contenu ;

---

1. Voir ses ouvrages consacrés à l'entreprise aux éditions Village Mondial :
   Systémique et entreprise, 2000.
   Réussir un coaching grâce à l'approche systémique, 2003.
   Gérer les conflits au travail, 2004.
   Affaires de famille : comment les entreprises familiales gèrent leur mutation et leur succession, 2006.
   Les Personnalités difficiles en entreprise : analyse et solutions, 2009.

- les conséquences du reflet systémique en ce que ce dernier risque de mettre le professionnel dans la même problématique que son client, auquel cas il ne lui est plus d'aucune utilité ;
- l'importance d'une pratique de la dissociation qui permette au professionnel d'être à la fois acteur et spectateur de sa relation avec son client.

Plusieurs arguments peuvent être évoqués pour justifier la nécessité de la supervision. Les plus classiques invoquent le fait qu'il s'agit là d'un gage de sérieux pour le client, que certaines pratiques – notamment celle du coaching – exigent une prise de recul face à des situations complexes, ou encore que l'évolution, parfois rapide, des pratiques impose un incessant partage entre professionnels.

Avec la formation on apprend ce qu'il ne faut pas faire et avec la supervision on aborde enfin la question de ce qu'il faut faire. Au-delà de la provocation, il semble bien que toute formation, quelles que soient sa durée et sa sophistication, ne permet pas de faire l'économie de cette merveilleuse obstination qui seule, avec le temps, fait qu'on devient un véritable professionnel grâce à une accumulation d'expériences.

L'approche systémique de la situation de supervision met l'accent sur la notion d'homéostasie ainsi que sur la dimension interactionnelle de toute relation d'aide, tout en accordant un statut particulier à la fois aux informations échangées entre le professionnel et son client, et entre le supervisé et son superviseur. Ces spécificités peuvent être illustrées par cinq enjeux que je me propose d'expliciter ici.

■ LA RELATION CLIENT/SUPERVISÉ

Commençons par le commencement. Qu'en est-il d'abord de la relation client/supervisé ? Elle est apparemment simple : quelqu'un demande de l'aide à un professionnel dont les outils et l'expérience sont reconnus. La suite devrait dès lors se dérouler sans accrocs, mais il n'en est rien et tout débutant s'en rend compte très rapidement.

Quelle en est la raison ? Comme chaque fois qu'il est question de l'humain, nous sommes dans le domaine de la complexité. Plus exactement et d'un point de vue systémique, cette demande ne peut être que soumise à la logique homéostasique du client, ce qui s'énonce habituellement de la façon suivante : *« Faites quelque chose, mais ne touchez à rien ! »* Cela signifie que le client fait en sorte que le professionnel – auquel il fait appel par ailleurs –, devienne tout à fait inopérant ; il recherche le maintien d'un *statu quo*, même s'il en souffre. Et c'est bien ce qui motive, de près ou de loin, de manière plus ou moins consciente, la démarche d'un professionnel envers un superviseur, car il peut se trouver désemparé devant ce paradoxe.

Il n'est pas question de remettre en question ici l'honnêteté de ces clients, ils sont pris eux-mêmes dans une logique homéostasique qui les dépasse car elle est le fait de tous les systèmes humains. Nous sommes ici devant un phénomène banal et universel : chacun répugne à changer, et c'est bien, encore une fois, ce qui fait la complexité des groupes humains.

Cette logique homéostasique se déploie de bien des manières, elle vise donc au non-changement alors que c'est bien le changement qui est demandé et souhaité. Je ne retiendrai ici que deux « stratégies » visant à la mise en échec du professionnel. Nous allons voir que la dénonciation de ces stratégies concerne directement le travail du superviseur dans la mesure où, précisément, c'est bien parce qu'elles ont réussi que le supervisé partage ses difficultés. Il s'agit de la double question du cadre/contenu et des effets du reflet systémique.

◾ LE CADRE ET LE CONTENU

Le cadre correspond à l'ensemble des éléments qui répondent aux questions suivantes : où, quand, comment ? Ces questions renvoient aux différentes dimensions qui structurent et donnent une cohérence aux interventions du professionnel. Celui-ci doit, autant que possible, rester maître de son contexte de travail. Pourquoi cet enjeu est-il si important ? Essentiellement parce que le cadre d'une intervention définit son contenu. Or, le contenu d'une intervention est souvent le même : il s'agit d'aider le client à changer, et les chemins qui mènent au changement passent tous, à l'évidence, par le professionnel puisqu'il en reçoit le mandat. Il convient donc que ce professionnel se donne les moyens d'aider son client – d'une certaine façon – « malgré lui », c'est-à-dire dans le dépassement ou le contournement des stratégies qu'il va utiliser pour résister au changement. Pour satisfaire cet objectif, la condition première est sa maîtrise du cadre de l'intervention.

De ce point de vue, les toutes premières interactions entre ces deux protagonistes sont essentielles. C'est à ce moment-là que le client « teste » le professionnel auquel il fait appel pour évaluer, en quelque sorte, son degré de dangerosité, c'est-à-dire sa capacité à l'accompagner dans le changement. C'est en cherchant lui-même à s'approprier tel ou tel élément du cadre que ce test va se déployer. Ainsi, il n'y a que la première fois qui compte, au sens où les différents protagonistes cherchent, chacun à leur manière, à prendre la main sur le contexte.

Lorsqu'un professionnel se sent embourbé dans une situation, il y a de bonnes chances qu'il ait perdu la capacité de définir lui-même le cadre de son intervention et, *a contrario*, il y a de bonnes chances que son client soit parvenu à se l'approprier.

LE REFLET SYSTÉMIQUE

On appelle « reflet systémique » la reproduction à l'identique des mêmes schèmes relationnels dans des contextes différents et connexes. Autrement dit, des individus ou des groupes humains qui sont en lien peuvent en arriver à « fonctionner » de la même façon en ce qui concerne les spécificités de leurs relations.

Nous avons vu jusqu'à présent que ce reflet se rejoue entre le client et le professionnel. C'est ainsi que le problème du client risque de devenir celui du professionnel, ce qui est bien gênant. Nous allons voir que ce même reflet systémique se propage également entre le professionnel et le superviseur. Plus intimement encore, c'est au sein même de l'entreprise que peut prendre naissance ce méca-nisme. En effet, une autre dimension de ce reflet systémique se joue entre la philosophie de ce que « produit » l'entreprise, au sens large du terme, son mode de management et la problématique du client.

Par exemple, il est possible de considérer qu'un système hospitalier génère de la protection pour les patients qui y sont reçus et pour leur entourage : protection contre la maladie, la souffrance, la mort, ou encore l'injustice de l'existence. Cette même protection peut dès lors fortement influer le mode de management et ordonner les rela-tions entre les membres du personnel, ce en quoi elle peut devenir un problème. Plus loin en aval, ce mode relationnel va être « proposé » aux intervenants extérieurs, ce qui revient à les interna-liser. Tout se passe alors comme s'ils étaient intégrés à la structure, ce qui leur retire toute efficacité.

Ainsi, un même réseau relie l'entreprise à son émanation auprès du professionnel, c'est-à-dire son client, que ce soit une personne ou un groupe. Au bout de cette chaîne se situe, encore une fois, le supervi-seur. De nouveau, la tentation homéostasique est constamment présente à chaque étape dans le déroulement de cette séquence.

◼ LA RELATION SUPERVISEUR/SUPERVISÉ

Dans toute supervision, qu'elle soit individuelle ou collective, le superviseur ne peut travailler que sur ce que dit et montre son supervisé. Le « dire » est « classique », il s'agit d'un récit plus ou moins circonstancié. Ce qui l'est moins, c'est le « montré ». Il y a, en l'occurrence, un « montré » incontournable qui est le langage non verbal, il y en a un autre qu'il faut aller rechercher et qui correspond à la représentation iconique de la situation professionnelle, telle que le supervisé peut la partager. C'est ce qui fait qu'il importe que le supervisé travaille « au tableau », c'est-à-dire livre sans l'avoir trop élaborée sa représentation de sa situation.

Mais, pour reprendre un énoncé d'Alfred Korzybski qui, pour être classique n'en est pas moins vrai : *« La carte n'est pas le territoire. »* Autrement dit, la représentation du supervisé n'est que sa représentation de la réalité, c'est-à-dire un ensemble d'informations qu'il donne au superviseur et que celui-ci se doit de modifier. Autrement dit encore, chacun est à la poursuite d'une réalité dont la principale caractéristique est qu'elle se dérobe, en se complexifiant, à chaque fois qu'elle est énoncée par l'un ou l'autre des protagonistes de cette histoire.

Cette représentation du supervisé est également frappée d'homéostasie. Cela signifie que, de manière légitime, le supervisé tente – sans en avoir conscience et en dehors de toute intention – de faire adopter par le superviseur sa propre vision de la situation. Il est évident que si cette manœuvre aboutit, le superviseur n'a plus aucune utilité.

Ainsi, le principal intérêt d'une supervision est de permettre au supervisé de changer sa vision de la relation qu'il entretient avec la situation. Il lui reste la responsabilité d'en tirer les conséquences, ce qu'en aucun cas le superviseur ne peut assumer. Autrement dit, ce dernier respecte la place de chacun et ne peut prendre celle de son supervisé. Il n'a pas à dire ce qu'il faut faire, il doit ouvrir des alternatives et enrichir les représentations du coach professionnel. Il le déstabilise pour que celui-ci apprenne à déstabiliser son ou ses clients.

ÊTRE LÀ, TOUT EN ÉTANT ABSENT

Face aux différents pièges dont je viens rapidement de déconstruire les mécanismes, quelle est la meilleure façon de s'en tirer ? La réponse concerne un savoir-être et non pas seulement un savoir-faire, c'est dire qu'il relève de l'expérience et non pas simplement d'une formation. En effet, il s'agit de pouvoir se dissocier, c'est-à-dire d'être à la fois présent dans la relation – un véritable acteur –, tout en étant capable de s'abstraire de cette même relation pour en évaluer les tenants et les aboutissants, et en être donc également spectateur. Cette capacité à s'abstraire, tout en étant présent, permet de métacommuniquer sur la relation, autrement dit de communiquer sur la communication. C'est de cette façon que le professionnel peut plus facilement rester vigilant sur la maîtrise du cadre ainsi que sur l'anticipation des risques qu'entraîne le reflet systémique.

Il est donc possible de définir la relation superviseur/supervisé comme correspondant à un couple, qui n'en a que les apparences car ce couple est en fait une unité dissociée. Ainsi, l'objectif essentiel du superviseur est d'amener son supervisé à prendre le recul dont il a besoin pour se détacher des situations dans lesquelles il s'est empêtré, aussi bien d'un point de vue intellectuel qu'émotionnel. L'espace de la supervision est donc un espace dissociatif, là où le supervisé se dissocie dans la personne du superviseur et où le superviseur se dissocie dans la personne du supervisé.

Instaurer des garde-fous : pourquoi et comment

■ INTERVIEW DE DANIEL GROSJEAN PAR DANIÈLE DARMOUNI

Danièle : *Comment travailles-tu en supervision ?*

Daniel : Mon travail de supervision se fait sur trois axes :

- La **synchronicité** : chacun apporte une problématique, une difficulté ou un questionnement qu'il a par rapport à un de ses clients. La synchronicité signale l'endroit où la problématique du client renvoie à l'endroit où le supervisé se trouve à l'instant T 0 de sa propre histoire. L'événement synchrone permet d'éclairer une tache aveugle qui va permettre à la personne de voir quelque chose qu'elle n'a pas voulu voir jusque-là. Avec la participation du groupe, je l'accompagne dans la plongée de cette partie non consciente d'elle-même. De cette partie restée dans l'ombre émerge généralement un potentiel que la personne ne s'était pas encore autorisé à découvrir.

- La **diachronicité** : là, le travail se fait dans la durée pour voir, d'une session à l'autre, quelles sont les compétences professionnelles que le supervisé va pouvoir améliorer dans son métier de coach. J'ai pour principe qu'en thérapie le client est toujours là pour nous guérir. En coaching, il est là pour nous faire progresser dans nos talents. On dit souvent qu'on ne peut accompagner ses clients que jusque-là où on a été. Je renverse la démarche en disant : *« Le client va m'emmener sur des territoires inconnus que j'ai à découvrir. »* Mon client est mon futur.

- La **dimension entrepreneuriale** : à ce niveau, ma supervision du coach le renvoie à sa propre dimension d'*entrepreneur* car la compétence ne suffit pas pour avoir des clients. Il s'agit d'être bon en tant que coach, mais d'être bon aussi dans le développement de sa clientèle.

Sur ces trois axes, je vais suivre les participants à mes groupes sur de longues périodes. Un bon travail se fait sur deux, trois, quatre ans. Il m'est arrivé de suivre des personnes sept ans de suite. Mais là, c'est vraiment un maximum et à ce stade, je pense qu'il est bon pour la personne de changer de superviseur.

Danièle : *Si mon client m'emmène là où je ne suis pas encore allée, je vais donc travailler en supervision pour devenir capable de l'emmener plus loin ?*

Daniel : C'est en effet un cercle vertueux. Nos clients nous font avancer, du coup nous sommes mieux à même de les accompagner, en cela la supervision est un outil de prospérité pour un coach. Maintenant ce postulat permet d'inviter les coachs à adopter une posture d'humilité qui est essentielle dans notre métier de coach, comme dans celui de superviseur d'ailleurs. Si je crois que je suis capable de donner à mon client des solutions, de le faire progresser ou de le guérir, quelque part je flirte avec la toute-puissance et je me mets facilement dans une position haute, égotique. En posant mon client comme facteur de progrès, je renverse la démarche de toute-puissance sans pour autant tomber dans l'impuissance. Il s'agit de trouver la juste puissance dont je parlerai tout à l'heure. En tous les cas, je suis forcément dans une posture plus humble lorsque je considère que mon client est un miroir pour moi, qu'il est mon écran, qu'il est mon futur. Ma façon d'être à l'écoute est beaucoup plus ouverte et permet plus facilement la cocréation que si je me dis qu'il faut que je le soigne, que je le conseille ou que je dois lui trouver des solutions…

Lorsqu'on fait ce métier de thérapeute, coach ou consultant, plus ou moins consciemment on veut sauver le monde. Paradoxalement, c'est en en prenant conscience et en renonçant au projet de sauver l'autre qu'on se donne une chance de l'aider un peu, en tous les cas de mieux l'accompagner. Si je suis dans le vouloir, je ne suis pas dans le bon chemin.

Superviser un coach, c'est donc l'accompagner d'abord dans ce renoncement à vouloir pour l'autre afin qu'il puisse mieux se mettre au service de son client. Dans le jeu de l'ombre et de la lumière, le coach est dans une position subtile car il doit en même temps être dans la lumière pour animer et éclairer, tout en sachant rester dans l'ombre afin que la lumière du client s'amplifie et qu'il découvre par lui-même ce qui est bon et juste pour lui de faire.

Danièle : *Dans la supervision d'un coach, tu disais qu'il y a aussi à développer son côté entrepreneur. Est-ce cela, sa partie lumière, celle qui attire les clients ?*

Daniel : Toute l'articulation ombre/lumière repose sur ma capacité à m'autoriser à être dans la lumière pour me faire connaître et pour qu'il y ait une invitation au transfert. C'est là qu'il est important de développer son propre côté entrepreneur, mais en même temps il faut avoir la capacité à se « retirer » pour laisser toute la lumière du client s'épanouir. C'est là que l'humilité fait la différence… Dans un coaching de groupe, c'est un peu différent…

Danièle : *Quelle différence fais-tu entre une supervision individuelle et une supervision de groupe ?*

Daniel : Il y a une dynamique dans le groupe qu'on n'a pas en individuel. En individuel, on touche plus la profondeur de l'âme, la spécificité du métier et la particularité du client. Dans le groupe il y a un jeu de stimulation, de « compétition », de « confrontation » qui est d'une autre nature. Il s'agit plus d'une mise en œuvre d'un réseau d'enrichissement mutuel. Et là, l'animateur a besoin de prendre plus de place.

En individuel, j'essaie d'articuler une cohérence entre projet de vie et projet professionnel. L'exploration que je propose conduit mon client à plonger dans sa dimension archétypale en passant par la dimension de son héros intérieur. C'est un travail intérieur assez intense et plus difficile à faire en groupe.

Avec un groupe, je travaille plus sur les cas que chacun apporte. Je demande à tous les participants de faire un feed-back sur les cas présentés. Ma supervision se concentre sur la façon dont chacun fait son feed-back. Je travaille en direct sur la posture de coach que révèlent les réactions des uns et des autres en même temps que sur la gestion du problème faite par celui qui présente son cas. Il y a donc une double supervision collective : celle de la situation qui est ramenée de l'extérieur et celle du coaching en direct fait par chacun sur cette situation. Cela me permet de présenter des manières d'affiner l'approche des uns et des autres pour qu'elle devienne la plus juste possible. Je renvoie tout particulièrement des miroirs sur la tendance qu'ils ont à vouloir apporter des solutions. Je définis avec eux des « indicateurs de progrès de compétence » qui leur permettront de vérifier comment ils améliorent leur professionnalisme :

- Est-ce que j'ai plus de clients ? Si je suis un bon coach, ce devrait être le cas.

- Est-ce que mes résultats financiers progressent ? On ne peut pas dire : *« Je suis un bon coach »* et ne pas être dans une certaine réussite professionnelle, accompagner quelqu'un dans sa réussite et ne pas réussir soi-même. En général, quand quelqu'un est dans une dynamique d'échec de son développement matériel, c'est que quelque chose n'est pas bien posé dans sa façon de coacher.

Prenons l'exemple d'un superviseur qui me dit : *« J'ai envie de coacher des dirigeants. »* Dans un effet miroir, pour pouvoir coacher des dirigeants il faut être capable d'habiter son dirigeant intérieur, être donc capable de prendre de la hauteur par rapport à sa propre vie ; symboliquement parlant, cela revient à avoir passé la « porte des dieux ».

Pour l'accompagner dans cette demande, je vais aider le coach à s'approprier sa partie dirigeante intérieure, à développer sa capacité à avoir une vision, une stratégie, à être dans le haut de lui-même. Il faut, bien sûr, laisser du temps au temps, mais si nous avons bien travaillé, petit à petit, il va attirer des clients qui vont être de niveau direction générale.

Prenons un autre exemple, celui de quelqu'un qui a seulement un ou deux gros clients et qui se demande : *« Comment puis-je me diversifier et avoir de nouveaux clients ?»* Sur le plan symbolique, cette problématique indique souvent une problématique de dépendance à la matrice. L'enjeu consiste à permettre au supervisé de voir sa peur et à l'inviter à quitter ses bonnes matrices nourricières, à se mettre dehors pour vivre l'aventure dont il rêve. Je ne reste pas uniquement au niveau des techniques et des comportements. J'essaie, selon un processus décrit dans le livre coécrit avec Jean-Paul Sauzède[1], de mettre en cohérence les blessures personnelles de mon client avec sa demande pour trouver le sens de ses difficultés professionnelles avec sa clientèle. Et là, c'est le nombre de nouveaux clients qu'il aura au fur et à mesure de son avancée dans le travail de supervision qui sera le critère lui permettant de mesurer son efficacité entrepreneuriale.

Danièle : *Tu dis que tu as mis cinq ans pour approfondir le métier, quelle a été ton évolution ? Est-ce qu'il y en a d'autres aujourd'hui ?*

Daniel : Il y a forcément encore des évolutions aujourd'hui, puisque je suis cohérent avec le postulat sur lequel je m'appuie pour faire travailler les autres : quand je fais de la supervision, je considère que mes clients supervisés m'aident à m'améliorer dans mon métier. Comme pour le maniement du sabre, il s'agit de ne jamais cesser

---

1. Daniel Grosjean et Jean-Paul Sauzède, *Trouver la force d'oser*, InterÉditions, 2006.

d'apurer son geste. Le geste en coaching, comme en supervision, est d'amener la demande du client à se préciser de manière de plus en plus fine. À la limite, on peut résumer tout notre travail au travail sur la demande. Parce que si la demande est bien posée, cela portera ses fruits. Aujourd'hui, je suis de plus en plus pointu sur la demande de mes clients : c'est mon principal acquis.

Une autre chose essentielle que j'ai acquise en chemin est la prise de conscience que le travail de coaching comme de supervision se fait à trois. Le plus grand cadeau que le coach peut faire à son client, c'est certes de lui laisser de la place, mais aussi de laisser de la place à l'inconnu, le tiers élément.

Dans un premier temps, le client vient travailler avec un coach parce qu'il lui donne le pouvoir de l'aider. Le deuxième temps est celui de la construction du lien parce que c'est la qualité du lien qui va accroître la capacité du client à progresser. Le coach ne doit pas être centré sur les solutions, mais sur la qualité du lien avec son client. Enfin, il y a pour moi un troisième temps, celui où le coach doit renoncer à quoi que ce soit et faire le vide. C'est alors que l'imprévu peut surgir. Et c'est là que la cocréation peut vraiment commencer. On parle beaucoup de cocréation dans l'entreprise, mais on oublie souvent qu'elle ne commence que dans une triangulation : le client, le coach et l'imprévu.

Ce n'est pas évident d'en arriver là dans un coaching parce qu'on n'a pas beaucoup de temps. Le temps nécessaire à créer la confiance, à créer le lien passe vite et pourtant il importe, à un moment donné, de renoncer à la course au résultat pour que quelque chose d'inattendu puisse surgir.

Danièle : *C'est pour ça qu'il faut aller à fond sur la demande ?*

Daniel : Plus on travaillera sur la demande, moins on perdra de temps.

Danièle : *Aujourd'hui le coach travaille avec des gens de pouvoir qui ont à s'interroger très fortement sur leur utilisation du pouvoir. Donc la supervision devient encore plus essentielle, non seulement pour* *donner un cadre protégeant les clients et le coach mais aussi pour que celui-ci puisse confronter les gens de pouvoir si nécessaire. Un coach qui ne prend pas son pouvoir par fausse humilité, par peur, par conformité ou par confort finit par accepter des dérives ou des intrusions non éthiques... Comment traites-tu cela en supervision ?*

Daniel : Le thérapeute est en situation de face à face avec son client. Il peut lui dire oui ou non. Mais quand on supervise un coach qui travaille en entreprise, on « travaille » en fait avec beaucoup de personnes (le coaché, le coach, le supérieur hiérarchique, et parfois le N + 2 et le DRH). Il y a beaucoup d'acteurs en jeu, et chacun a des enjeux souvent confus. Dans certains cas on ne sait plus qui a demandé quoi, à qui, et pourquoi. C'est un métier compliqué parce que le coach est sans arrêt à la frontière du compromis, pris en tenaille entre sa peur de perdre le client – mais qui est le client ? –, celle de baisser son chiffre d'affaires, etc. Les manipulations peuvent être parfois extrêmes. Ainsi, dans une entreprise indus-trielle, un DRH qui m'envoyait quelqu'un en coaching me dit : *« Surtout si vous vous rendez compte qu'il a un problème grave, n'hésitez pas à venir m'en parler. »* Tout en me disant : *« Bien sûr, ce travail est très confidentiel, je respecte totalement la confiden-tialité »*, il m'annonçait : *« Mais surtout, vous me prévenez. »* L'art du coaching est de ne jamais tomber dans la compromission. Il faut, pour cela, respecter les principes éthiques de notre métier et vérifier en permanence que la personne que nous accompagnons est respectée par l'entreprise. Ce n'est jamais facile. Il n'y a pas de règle absolue dans ce métier. Il y a en plus des ambivalences spécifiques à ce milieu. Il faut donc aider chacun à trouver son chemin au milieu de tout ça.

Au niveau du pouvoir, l'enjeu du coach est le miroir de celui du client qu'il accompagne en coaching. En supervision, il s'agit de voir comment permettre à chacun d'exprimer toute sa puissance d'être à l'infini, sans tomber dans la toute-puissance.

C'est vraiment important d'accompagner quelqu'un pour qu'il puisse être dans son maximum de puissance sans tomber dans le pouvoir. Le modèle ancien d'autorité qui existe encore consiste à avoir du pouvoir sur… pouvoir sur le monde, sur les autres, sur les équipes… Or, la puissance est une « **puissance d'être** » et non un « **pouvoir sur** ».

J'ai repéré quatre postures par rapport au pouvoir et je propose cinq garde-fous pour éviter de tomber dans la toute-puissance.

La première posture est de se considérer comme quelqu'un qui remplit une fonction dans la vie, de se mettre en position d'« exécutant », quelqu'un qui remplit une tâche, qui naît, qui vit et qui meurt sans se poser de questions. C'est la posture d'exécutant qui fait ce qu'on lui a dit de faire. Ce type de personne n'est pas vraiment « coachable ».

Il y a la posture du « dépressif », celui qui se considère comme un objet du monde. Si ça ne va pas dans son entreprise, c'est à cause des autres. Par exemple, un dirigeant brillant qui a gagné beaucoup d'argent, monté de nombreux projets, développé son entreprise et qui se met en totale dépendance à l'environnement lorsqu'il rencontre un échec. Dans un premier temps, il a certainement plus besoin de thérapie que de coaching… et ce n'est que lorsqu'il sortira de la posture de victime que le coaching pourra l'aider à réajuster sa confiance professionnelle.

La troisième posture est celle de celui qui est tellement persuadé d'être quelqu'un d'extraordinaire qu'il bascule dans la mégalomanie (c'est le « Être Moi-Même Maître du Monde »). Tout à coup, il se coupe de son environnement, il n'entend et n'écoute plus personne ; il est devenu le centre du monde. Quand on bascule dans une telle toute-puissance, à un moment donné l'univers va nous donner une claque. Et ce type de personne tombe alors généralement dans la désespérance. C'est à ce moment-là seulement qu'il en appelle à une aide extérieure et que le coaching peut l'aider.

Et puis il y a ceux qui se sentent créateurs de l'univers. Ils savent se poser dans leur puissance, tout leur réussit, tout va bien. Ils savent qu'un entrepreneur doit être créateur, mais qu'il n'est pas tout-puissant. Ceux-là viennent en coaching pour éviter de tomber dans la toute-puissance… Ce type d'accompagnement est pour sûr le plus efficace, et il est jouissif de surcroît.

Maintenant, pour éviter ce piège de la toute-puissance et permettre aux coachs, comme à leurs clients, de garder un pied dans la puissance et l'audace de l'imaginaire, et un pied ancré dans la réalité, je leur propose cinq garde-fous comme autant de critères, de clignotants. C'est mon tableau de bord quand j'accompagne quelqu'un.

Premier garde-fou : le sens de l'altérité

Oui, je suis créateur de l'univers, mais pas tout seul. En fait, je ne peux être que cocréateur. Et cette cocréation se vérifie par le sens de l'altérité. Cela veut dire qu'il y a de « l'autre » dont j'ai à tenir compte.

Deuxième garde-fou : le respect de la hiérarchie

Un dirigeant qui veut s'exprimer dans toute sa puissance sans prendre le risque de la mégalomanie, doit accepter d'avoir une autorité au-dessus de lui qui le contient. La toute-puissance, c'est se prendre pour Dieu au sens de « tout vient de moi ». C'est pour cela qu'il est vital pour un dirigeant d'être coaché. C'est une manière d'être régulé pour ne pas se mettre soi-même et les autres en danger. C'est une manière symbolique de poser qu'on a des comptes à rendre. Là, il y a tout un travail de réconciliation à faire avec la figure paternelle. Se réconcilier avec son père, le reconnaître comme notre créateur, faire symboliquement alliance avec lui, au final le remercier est un antidote à tout problème avec le pouvoir.

Au-delà de son père, il s'agit de se sentir relié à plus grand que soi, d'accepter l'autorité de quelqu'un. Le rôle du superviseur consiste alors à vérifier la capacité du supervisé à bien vivre une relation hiérarchique. Le superviseur lui-même n'incarne pas l'autorité, mais il reste le gardien d'une mise en ordre de l'autorité. La puissance n'est pas dangereuse si j'accepte plus grand que moi.

Danièle : *Le superviseur a donc un rôle de* mentor *par rapport au métier de coach ?*

Daniel : Oui, il a un rôle de *mentor*. Il peut, à un moment donné, être à la place symbolique du « maître », quelqu'un sur qui je vais pouvoir me reposer et à qui je vais pouvoir me confier. Mais, pour ne pas créer de la dépendance, le superviseur doit savoir qu'il n'est pas là pour être un maître ; il est là pour aider le coach à trouver son « maître ». Cela renvoie d'ailleurs à mon troisième critère.

Danièle *: Reste trois garde-fous.*

Daniel *:* Oui, des garde-fous de plus en plus concrets...

Troisième garde-fou : la compétence à créer de la prospérité

C'est une manière de vérifier que le coach comme le client est en prise avec la réalité, qu'il a les pieds sur terre. La mission d'un dirigeant est de créer de la richesse. Les questions sont : « Ce client que j'accompagne, crée-t-il de la richesse ? », « Ce coach que j'accompagne, crée-t-il de la richesse pour lui-même ? ».

Il y a souvent une confusion : avoir les pieds sur terre, ce n'est pas être terre à terre. Je peux coacher quelqu'un qui a des idées fantaisistes, qui paraît marcher à deux mètres au-dessus du sol mais, quand à la fin de l'année, il me dit : *« J'ai fait + 25 % »*, c'est qu'il est relié à la terre.

À l'inverse, quelqu'un peut être très terre à terre, très à cheval sur les moindres détails de sa comptabilité qu'il suit avec beaucoup de rigueur mais, à la fin de l'année, n'avoir aucune évolution de prospérité.

Quatrième garde-fou : la relation au temps

Le temps est un indicateur d'autonomie par rapport à son environnement. Si quelqu'un me dit : *« Je n'arrive pas à gérer mon temps »*, cela veut dire que c'est l'environnement qui gère son temps à sa place. Il ne tient pas les manettes et cela le met en danger. La capacité à conduire un changement vers une destination qu'on s'est donné est le signe d'une bonne gestion du temps. Gérer son temps, ce n'est pas organiser, c'est conduire le changement. Si quelqu'un « conduit mon temps » à ma place, cela veut dire que je n'ai pas de repères intérieurs. C'est un clignotant sérieux de manque de structuration.

Il y a aussi ceux à qui le temps ne fait que manquer... C'est une autre manière de subir l'environnement. Si je ne gère pas mon temps, je suis objet. Pour passer de l'état « dépressif » à celui de créateur de l'univers, il faut que je devienne sujet de mon temps.

Travailler sur le temps, c'est toujours accompagner la remise en place du « je » sujet.

Cinquième garde-fou : articuler les énergies masculine/féminine

Ma capacité à prospérer est le miroir de ma capacité à donner et à recevoir. Mon féminin reçoit, mon masculin donne. Plus les deux sont séparés, distincts, plus il y a d'échange à l'intérieur de moi. Plus il y a confusion ou bataille, ou rapport de force entre ces deux énergies en moi, plus il y a de difficultés à prospérer à l'extérieur.

La difficulté des dirigeants d'entreprise, c'est qu'ils survalorisent souvent l'acte de donner. Ils ont beaucoup de mal à recevoir. Et s'ils sont dans l'hypertrophie du « donner », ils ne pourront pas créer de la prospérité. Déléguer, c'est accepter de recevoir de l'aide. Quelqu'un qui n'est que dans le « donner » ne supporte pas de déléguer.

Danièle : *Donc, en miroir, les coachs qui coachent ces dirigeants ont à vérifier qu'ils sont en ordre avec ces cinq critères ?*

Daniel : Oui, c'est quelque chose auquel je veille comme le lait sur le feu. C'est-à-dire que j'invite les gens que je supervise à être dans le courage de leur puissance de coach pour permettre à leurs clients d'advenir à toute leur puissance. Mais pour que le coach soit dans sa puissance sans tomber dans la toute-puissance, il doit rester très attentif à ces cinq garde-fous.

Danièle : *Est-ce que tu as un superviseur ?*

Daniel : Oui, j'ai quelqu'un qui me supervise une fois par semaine sur un angle très précis qui est important pour moi en ce moment. Ça me permet de vérifier la qualité et l'ouverture de ma présence, ce qu'on appelle *awareness* en Gestalt, et d'élargir mon champ de conscience. Quand on veut accompagner les autres, on a intérêt à ne jamais s'endormir sur ses lauriers…

Si vous voulez aider quelqu'un à se transformer et à transformer son environnement, il faut l'aider à travailler l'intérieur de lui-même. Et en supervision, c'est pareil ; si je me transforme à l'intérieur, à l'extérieur dans l'immédiateté, ce qu'on appelle la synchronicité, l'environnement, se transforme immédiatement.

Une autre façon d'avancer sur ce garde-fou est d'avoir un « maître ». Dans le sens symbolique du terme, avoir un maître dans mon métier de dirigeant, dans mon métier de coach ou dans mon métier de commercial, c'est Un maître ; ce n'est pas quelqu'un auquel on se soumet, c'est quelqu'un auprès duquel on s'abandonne. Et lui est là pour nous contenir.

Partie III

Les étapes dans le choix de la supervision

« L'humanité est à un croisement : un chemin mène au désespoir, l'autre à l'extinction totale. Espérons que nous aurons la sagesse de savoir choisir. »
Woody Allen

« J'aime celui qui rêve de l'impossible. »
Johann Wolfgang von Goethe

Choisir d'être supervisé pour répondre seulement à une obligation déontologique met la relation de supervision dans une passivité qui n'a aucune cohérence avec la nature même du coaching. Or, *tout se joue au commencement* en supervision, comme en coaching. Commencer une supervision implique de se connecter d'abord à son propre désir d'évolution et à la demande précise qui en découle, puis d'entrer dans une dynamique de choix qui se renforcera tout au long de sa vie professionnelle : quand y aller ? Quel sujet apporter ? Quel superviseur choisir ? Pour quelle forme, individuelle ou collective, opter ? Quelle méthode adopter ? Quand changer de superviseur ? Quand arrêter ou faire une pause ?

Nous allons explorer dans cette troisième partie ces multiples questions, mais auparavant nous désirons attirer votre attention sur un point à la fois important et très déstabilisant. Le paradoxe sous-jacent à ces multiples choix est le suivant : pour évoluer dans un domaine inconnu, il nous faut aller consciemment dans un endroit dont nous ne sommes pas conscients nous-mêmes.

– Que se passe-t-il si « je ne sais pas » ?

– Comment accueillir ce « je ne sais pas » ?

– Que se passe-t-il si je ne sais pas que je ne sais pas ?

Choisir ce type d'évolution consciente, c'est aussi, comme le dit Robert Dilts, développer l'énergie du oui, celle qui reconnaît et qui honore ce qui est. L'enjeu est à la mesure du risque que nous devons assumer : comment renoncer au confort de nos habitudes, nous approcher de la frontière de ce que nous appelons l'inconnu, en franchir le seuil, et dire oui à une vie ouverte à tous les possibles ?

Chapitre 1

Quand décider
d'être supervisé ?

Voici les deux approches que nous vous proposons pour vous accompagner dans votre processus de décision :

* la première consiste à répondre à un questionnaire évoquant les différentes situations qui, chez un coach, peuvent susciter le désir de se faire accompagner par un superviseur ;

* la seconde propose de franchir une à une les étapes qui mènent à la décision d'entrer ou non en supervision.

▦ UN QUESTIONNAIRE

Si vous répondez OUI à une de ces questions, c'est que vous êtes prêt à commencer un travail avec un superviseur. Si vous avez répondu NON à toutes les questions... Relisez les questions.

Questions	Oui	Non
Vous êtes un coach professionnel débutant (formé, qui a des clients).		
Vous avez le sentiment de plafonner dans votre métier de coach.		

Questions	Oui	Non
Vous souhaitez changer de niveau (type de client, prix, environnement).		
Vous risquez de perdre votre client le plus important.		
Vous venez de perdre votre client le plus important.		
Vous traversez une crise relationnelle avec votre/ vos clients.		
Vous accompagnez un client qui traverse, lui et/ ou son entreprise, une crise majeure.		
Vous vous sentez en perte ou en diminution d'intérêt pour votre métier de coach, vos clients…		
Vous souhaitez vous développer en continu dans votre métier.		
Vous trouvez normal et congruent d'être accompagné dans votre rôle d'accompagnant.		
Vos clients vous demandent si vous êtes supervisé.		
Vous étiez un coach interne et vous changez de statut pour devenir un coach externe professionnel.		
Vous avez une mission qui vous pose un dilemme éthique.		
Vous étiez un coach indépendant et vous allez rejoindre une équipe, ou inversement.		
Vous traitez des dossiers complexes, vous ressentez le besoin d'avoir un « référent ».		
Vous avez une ou plusieurs questions, ou vous songez à un sujet auquel nous n'avons pas encore pensé.		

■ LES TROIS ÉTAPES OU L'ABC DU PROCESSUS DE DÉCISION

Observer l'origine de son désir

La qualité du déclencheur de votre désir provoque des opinions et des émotions, qui orientent la qualité de votre analyse des faits et déterminent votre niveau d'énergie disponible par la suite. Trois sortes de déclencheurs sont possibles :

- être stimulé par sa propre insatisfaction, son besoin personnel de progresser, libère beaucoup d'énergie et apporte du plaisir ;
- la contrainte provoque généralement une réaction d'opposition contre celui qui l'exerce et est inhibitrice de changement ;
- la nécessité perçue comme une combinaison d'insatisfaction et de contrainte peut, dès que l'aspect contraignant est accepté, permettre à l'énergie de s'orienter positivement.

Voilà, vous avez décidé qu'il est au moins temps d'inscrire un véritable espace de dialogue dans votre agenda surchargé pour réfléchir à votre décision. Un espace où vous pourrez enfin prendre le temps d'écouter en profondeur les petites voix négatives qui s'expriment en chacun de nous de temps en temps : la voix du jugement, du cynisme, des peurs… Ces voix émergent d'un lieu vivant en nous, le lieu du désir. Ce lieu est aussi un endroit blessé. Nous pouvons ensemble apprendre à accueillir cet endroit blessé et à nous relier à nos vrais désirs. L'énergie cachée derrière les petites voix nous dit à quoi nous avons réellement envie de dire OUI et à quoi nous sommes prêts à nous engager dans notre vie.

Prendre du recul

« Rien ne sert de penser, il faut réfléchir avant. »
Pierre Dac

Prenez un temps pour faire silence, laissez décanter : en explorant ce qui se passe en vous au contact de cet inconnu vous découvrez si vous êtes prêt à accepter la remise en question personnelle impliquée par le processus de supervision. L'observation des options qui se présentent vous permet une sortie créative – par le haut – d'un éventuel conflit interne.

Décider

> *« Choisir, donc exclure. »*
> Henri Bergson

Cette étape marque le franchissement du *seuil de l'engagement* ou le point de non-retour... Partir de ce que vous ressentez au présent est essentiel pour vous orienter à partir de vos repères internes, de votre choix de vie, et non pas en réaction à votre environnement... Il est essentiel aussi de veiller à la bonne adéquation entre soi et sa décision en sachant qu'une décision prise dans l'inconnu se révélera « bonne » ou non en fonction de sa mise en œuvre sur la durée.

Chapitre 2

Qui choisir comme superviseur ?

> *« Un homme doit choisir. En cela réside sa force*
> *"le pouvoir de ses décisions". »*
> Paulo Coelho

Pour certains, le choix d'un superviseur correspond à une réelle volonté de progression, d'évolution professionnelle et personnelle, et la décision est prise avec l'idée de capitaliser son expérience dans la pratique de son métier. Le choix d'un superviseur peut devenir un atout au service de son évolution future. Pour d'autres, le choix se fait à partir d'un engagement et d'une obligation vis-à-vis de ses pairs ou de l'organisation professionnelle à laquelle on est affilié, ou encore de ses moyens financiers et de la nécessité... *d'afficher un lieu de supervision*. Mais il y a alors peu de conviction au fond, peu de projection dans le futur, pas beaucoup d'envie d'investir de l'argent dans une supervision, et peut-être même peu de conviction quant à son utilité ! *« Je peux toujours trouver*, disait M. X, *au mieux dans mon groupe de pairs, en tout cas quelqu'un avec qui "discuter" d'un cas. »* Pour d'autres encore, le choix sera de s'en passer, maintenant ou définitivement.

En réalité, il n'y a pas d'obligation formelle à se faire superviser. Chacun de nous est libre de ses choix dans ce domaine, et construit son chemin et son futur à sa façon.

Et, soyons clairs, ces options, sans remettre en cause le professionnalisme du coach, dépendent de la perception que chacun a de son évolution et de la façon dont il se positionne par rapport aux codes déontologique et éthique[1] de sa profession de coach. Aujourd'hui, nombre de nos clients vérifient, avant de valider la mission d'un coach, s'il est ou non supervisé. Certains vont même jusqu'à demander qu'on leur donne des exemples de thèmes travaillés en supervision.

■ DÉCIDER DE CHOISIR SON SUPERVISEUR… OU NON

Décider de ne pas décider de choisir, ou ne pas choisir du tout, font partie des choix possibles. Cela peut permettre de revenir à une analyse plus rationnelle de son projet de supervision et d'évolution. Nous vous proposons de porter votre attention sur quelques points afin d'éclairer votre réflexion et de vous aider à faire votre choix.

Se mettre dans la dynamique de se choisir un superviseur implique plusieurs éléments :

- le premier est lié à son désir de se faire superviser, en étant clair sur le « pourquoi » et le « pour quoi » : pour apprendre, pour avancer dans son professionnalisme, pour évoluer dans son métier de coach, pour changer de niveau, de client, pour augmenter son chiffre d'affaires, ou autre… ;

- le deuxième est d'évaluer si l'on préfère travailler avec un homme ou avec une femme, rechercher telle ou telle spécificité, outil, technique, compétence, qualité, etc. ;

- le troisième, c'est de décider en sachant renoncer à l'autre partie du choix ;

- le quatrième, enfin, est de se préparer à une rencontre[2] qui, quoi qu'il arrive, comptera dans sa vie, puisqu'elle se fera avec

---

1. Voir en annexe.
2. « *Une rencontre, c'est quelque chose de décisif. Une porte, une fracture, un instant qui marque le temps et crée un avant et un après.* » Éric-Emmanuel Schmitt, extrait de *L'Évangile selon Pilate*, Livre de Poche, 2002.

quelqu'un en qui résonnera son désir d'évolution et qui pourra être le reflet de son ambition.

Cela étant posé, reste le plus délicat...

■ COMMENT CHOISIR ?

Pour pouvoir répondre à cette question, deux voies sont possibles : soit on commence par définir des critères objectifs (Je veux être supervisé pour faire, pour accomplir, pour changer...) et subjectifs (affectifs, émotionnels), soit on définit les qualités que doit « avoir et démontrer » à nos yeux un superviseur. Au fond, ces deux voies sont tout aussi importantes en regard de vos besoins et vos objectifs.

Souvenez-vous que « personne ne fait l'unanimité », et que parfois le « bon » de l'un peut être le « moins bon », voire le pire, de l'autre. Pour choisir, vous avez besoin de collecter des informations, de trouver des indices de concordance. C'est la même dynamique que pour choisir un boucher, un garagiste, un médecin, un dentiste ou tout autre professionnel : tout d'abord, nous les trouvons par le bouche-à-oreille, en cherchant sur Internet, en habitant dans la même rue. Ensuite nous les testons et, en fonction de ce que nous attendons d'eux, nous continuons à être leur client ou non. Une part de la décision que nous prenons vient de notre « état d'esprit », de la nécessité ou de l'urgence et, plus concrètement, du « comment nous nous projetons dans notre futur »...

En quoi le choix de votre superviseur est-il différent ? Nous pensons que pour choisir un superviseur, au-delà de ses formations, de son appartenance à telle ou telle association ou à telle expertise reconnue (programmation neuro-linguistique (PNL), analyse transactionnelle, Gestalt, psychanalyse, autres...) et au-delà de son âge (les cheveux blancs ne sont pas toujours une garantie de compétence), il y a quelques critères spécifiques :

* vos propres objectifs, enjeux et buts ;

- la qualité de la relation qui s'instaure entre vous et lui, car ce sont bien ses compétences relationnelles et sa compréhension de votre « demande » qui vont vous aider à décider ;
- le bouche-à-oreille et… la chance.

Vous pouvez également le rencontrer lors d'une conférence, d'une formation, d'un congrès, peut-être en lisant un de ses livres ou… par la « rumeur ». Son histoire de vie, son expérience, sa notoriété, ses spécificités techniques, la nature du contrat qu'il propose sont autant d'éléments à prendre en compte pour choisir.

Ensuite, il vous appartient de poser et valider votre choix en fonction de vos attentes de travail et d'évolution. Quel sera le « pacte [1] » que vous allez passer ensemble et qui va vous lier au-delà du travail à effectuer ? Sans tout vouloir « écrire » de votre relation au démarrage, quelle sorte d'alliance, d'accord, de règles du jeu, quelles conventions tacites vous lieront et seront nécessaires à chacun et à vous deux ensemble pour que l'un et l'autre donniez le maximum de vos talents ?

Avant tout, choisir son superviseur, c'est choisir une personne, en y associant des critères professionnels et émotionnels. C'est surtout s'engager dans une nouvelle aventure relationnelle, en ayant conscience qu'elle inclut une rencontre, un espace et un temps importants pour soi[2].

Lorsque enfin votre processus de décision est sur le point d'aboutir, favorisez le superviseur avec lequel vous vous sentez vraiment à l'aise, celui dont la façon d'être, de communiquer, de vous écouter et de vous entendre vous correspond le mieux là, à l'instant T.

Privilégiez, selon vos critères personnels, celui qui vous pose des questions, qui vous parle de vous sans vous juger ni vous conseiller, celui qui parle de lui avec respect et distance, celui qui vous invite à l'équité et à la parité, et avec qui vous vous sentez suffisamment

---

1. Nous vous renvoyons au chapitre 1 de la partie II « Les enjeux de la supervision ».
2. *« Le respect de soi permet d'en avoir pour les autres. »* José Garcia.

bien pour partager et poser toutes les informations nécessaires à la réalisation de vos objectifs professionnels et personnels, celui dont la façon d'être en relation et de communiquer vous plaît. Bref, choisissez le superviseur qui vous donne envie de travailler avec lui !

■ QUELQUES PISTES POUR ÉTAYER VOTRE CHOIX

Questions à se poser…	Commentaires
Qu'est-ce qui le rend légitime et crédible à vos yeux ?	
Quels sont son parcours, son histoire, son expérience, sa notoriété, ses « faits d'armes » ?	
Vous donne-t-il le sentiment d'être écouté(e), entendu(e), respecté(e) ?	
Comment incarne-t-il son code de déontologie ?	
Dans quelle mesure est-il cohérent avec son éthique ?	
Vous donne-t-il le sentiment d'être en parité, en coresponsabilité, en coconstruction ?	
Qu'est-ce qui vous touche dans son discours, sa façon d'être, de communiquer ? Qu'est-ce qui vous choque ?	
Dans quelle mesure vous sentez-vous à l'aise, en confiance dans cette relation ?	
Les aspects matériels et logistiques (le prix d'une séance individuelle, d'une séance collective, la durée, le rythme, le lieu…) vous conviennent-ils ?	

Questions à se poser...	Commentaires
Quelles formations a-t-il suivies, spécifiques au coaching, quelles approches psychologiques ?	
Vous montre-t-il qu'il se sent compétent pour vous superviser et que votre demande l'intéresse ?	
Quels sont ses clients actuels ? Les connaissez-vous ? Pouvez-vous les contacter pour vous informer ?	
Quels sont les concepts théoriques sur lesquels il appuie sa pratique ?	
Comment vous sentez-vous face à sa façon d'entrer en relation ?	
Comment vous sentez-vous face à sa façon de vous faire clarifier votre demande ?	
Dans quelle mesure cherche-t-il à comprendre ce qui vous amène ?	
Vous donne-t-il des conseils, vous aiguille-t-il sur une voie, ou une autre ou au contraire s'en abstient-il ?	

Et, bien sûr, tout ce qui sera « indéfinissable » et qui fait que votre choix sera le bon choix...

Chapitre 3

Pour quel type de supervision opter ?

« Choisir, c'est sans cesse rejeter celui que tu es,
pour celui que tu pourrais être. C'est l'esprit d'aventure. »
Paul La Cour

Ce chapitre s'inspire de nos pratiques de supervision. Pour les compléter, nous avons récolté des témoignages de collègues français et internationaux. Nous avons eu la chance de pouvoir en pratiquer plusieurs sortes au cours des quinze dernières années, soit comme supervisé, soit comme superviseur. Toutes sont intéressantes, et comportent des avantages et des inconvénients spécifiques. Alors, comment choisir ?

▨ LES CRITÈRES DE CHOIX

Certains sont *apparemment* rationnels...

Le prix

Comme dans le coaching, la fourchette de prix varie entre la province et Paris, la France et l'étranger, un superviseur senior et un débutant... De 100 à 500 euros de l'heure, et peut-être plus pour certaines stars...

Personnellement, nous nous alignons sur le prix de la séance de coaching de celui qui est supervisé. Cela afin qu'un débutant, avec peu de moyens, puisse bénéficier d'un lieu de supervision pour ses toutes premières missions, s'il le souhaite. Souvent la réussite de son installation de coach est en jeu. Quitte à travailler en profondeur, pendant la supervision, sa relation à l'argent et sa légitimité, quand ses prix restent inférieurs au prix du marché.

Des prix trop bas ne permettent pas au coach de développer son professionnalisme en continuant sa formation, et en se gardant du temps pour une supervision et des ressourcements réguliers.

La proximité

Trouver un lieu de supervision proche, dans la même ville, voire le même quartier pour... gagner du temps, bien sûr. Bien que certains nous aient dit apprécier le trajet en train ou en voiture – temps de préparation avant, et de digestion après la session.

L'accessibilité

La possibilité de contacter facilement son superviseur en fonction d'une urgence, d'un agenda perturbé ou des aléas de la météo. Par exemple, les longues tempêtes de neige au Canada impliquent une supervision par téléphone ou par Internet. Il en est de même de l'éloignement géographique des coachs internationaux qui voyagent dans le monde entier.

En tenant compte de ces critères de choix rationnels, qui tiennent une part importante dans le quotidien, chacun va choisir entre les différentes options, en fonction de ce qui correspond à ses modes d'apprentissage privilégiés, ses habitudes ou ses enjeux du moment.

Souvent pour un débutant, le critère de choix évident va être la forme de supervision qui correspond le plus à sa pratique de coach : individuel ou collectif, face à face ou par téléphone...

Plus un coach avance en maturité, plus il est en recherche d'un type de supervision qui lui semblera plus étranger, qui le surprendra, le fera sortir du cadre connu, et lui permettra de continuer à remettre en question et à faire évoluer sa pratique.

Enfin, c'est souvent la personnalité du superviseur qui l'emporte sur la méthode. La forme de supervision que celui-ci propose devient ainsi la meilleure (pour aller plus loin, voir le chapitre « Qui choisir comme superviseur ? »).

▤ LES DIFFÉRENTS TYPES DE SUPERVISION

La supervision individuelle

Ce type de supervision est souple puisque le coach et le superviseur accordent leurs deux agendas pour trouver le rythme, le jour et l'heure qui leur conviennent à tous deux. Elle est donc particulièrement adaptée pour les coachs qui :

- sont débutants, ont un petit budget et peu de missions régulières pour lesquelles ils souhaitent être accompagnés ponctuellement ;
- ont des agendas peu réguliers et ne peuvent donc venir à des dates et horaires fixes ;
- n'habitent pas la même ville, et parfois même le même pays, que leur superviseur. Ils utilisent le plus souvent le téléphone et profitent d'un déplacement professionnel ou personnel pour le rencontrer ;
- sont seniors et souhaitent bénéficier d'une supervision continue pour traiter, lors d'une session intense, une, deux ou trois situations clients qui les questionnent en profondeur.

Les différentes modalités de la supervision individuelle dépendent souvent de la culture du pays. Ainsi, en France et en Europe, on privilégie le plus souvent des rencontres **en face à face** ou « en présence ».

En Amérique du Nord et en Asie, l'essentiel des supervisions se fait tout naturellement **par téléphone**. Parfois, des enregistrements de sessions de coaching par téléphone sont utilisés, avec l'accord du client évidemment.

Avec l'évolution de la technologie et le nombre croissant de professionnels nomades très à l'aise avec les différents services du Web, la supervision **par Internet** se développe rapidement sur Skype par exemple.

Pour l'avoir pratiquée deux fois comme unique forme de supervision, il nous semble préférable aujourd'hui de l'utiliser comme un outil de suivi éventuel en complément du téléphone et des rencontres en face à face. Mais ce n'est qu'un point de vue.

De plus en plus, il devient possible de croiser ces différentes formes car les mentalités évoluent. Il est fréquent aujourd'hui de commencer par une ou deux rencontres en face à face pour bien installer la relation et l'exploration des enjeux, puis d'alterner des sessions par téléphone, du suivi par Internet, et de revenir ponctuellement au face à face.

La supervision collective

La supervision collective en face à face, que ce soit en petit groupe de 4 à 5 personnes, ou en grand groupe de 12 ou plus, se déroule en général sur une durée et un rythme réguliers : une demi-journée ou une journée tous les mois, ou deux jours tous les deux mois. La régularité et l'engagement dans le temps sont le plus souvent demandés, mais là aussi les pratiques et les règles du jeu varient beaucoup d'un pays à l'autre.

L'enjeu ici est de faire partie en continu d'un *réseau apprenant*. C'est-à-dire de développer la compétence d'intimité au sein d'un groupe où chacun est coresponsable à la fois de la réussite de ses objectifs de développement personnels, mais aussi de celle des autres membres du réseau. L'appropriation concrète de ce « savoir réussir ensemble » est prioritaire pour les coachs collectifs à qui leurs clients demandent souvent d'être accompagnés sur ce thème. Pertinence et congruence en dépendent.

Quant aux coachs spécialisés dans l'accompagnement individuel, après avoir surmonté leur réticence au **groupe**, ils en découvrent les charmes et, pourquoi pas, l'occasion d'élargir leur offre de service.

Plus concrètement, ce type de supervision permet de :

- bénéficier de nombreux retours miroirs venant de l'interaction de l'ensemble des participants, et pas seulement ceux du superviseur qui anime le groupe, continuer à apprendre à recevoir... et finir par réellement l'apprécier ;
- pratiquer régulièrement la position méta[1] en travaillant sur la situation présentée par quelqu'un du groupe, recevoir un feed-back du superviseur sur la qualité de sa communication, et évaluer son impact réel sur l'autre. Savoir se situer en méta, et proposer à son client des feed-back puissants et recevables à partir de cette position est une compétence clé du coaching ;
- découvrir, à travers les situations amenées par les autres participants, d'autres types d'organisation et d'autres *cultures* que sa clientèle habituelle, augmenter sa connaissance des différentes pratiques, et ainsi se préparer à diversifier sa clientèle ;
- rester en contact avec un groupe de pairs élargi, et sortir de l'isolement pour les indépendants ou ceux qui sont seuls à coacher au sein de leur entreprise.

Si la méthode de supervision utilise des *aquariums* – un participant coache un autre participant sur sa question devant l'ensemble du groupe – les débutants qui ont peu de missions peuvent entretenir et approfondir leurs compétences en accompagnant leurs pairs ; ils reçoivent alors aussi du feed-back sur leur accompagnement réel.

---

1. « Méta » vient du grec « par-delà ». Selon l'approche systémique, la « position méta » permet d'observer les échanges entre différents acteurs d'une situation donnée en se concentrant plus sur la qualité du *processus* d'interaction entre eux que sur le *contenu* de l'échange.

La composition d'un groupe de supervision est également très diversifiée :

* interentreprise : les participants viennent de différents horizons et ne se rencontrent que pour la supervision. Cela peut permettre par la suite d'autres liens professionnels, mais ce n'est pas le premier objectif ;

* intra-entreprise : les participants font partie d'une même structure. Au-delà de la professionnalisation de chacun, il y a souvent un enjeu de création ou de renforcement d'une vision et d'une culture de coaching partagées au sein du cabinet ;

* équipe de coachs internes : les participants font partie de la même organisation et souhaitent travailler en profondeur la spécificité de leur identité de coachs internes, tout en bénéficiant de l'ouverture que procure le regard d'un superviseur externe ;

* équipe de coachs travaillant sur une même mission de clients : les participants ont le même client et la mission nécessite de veiller à la cohérence d'ensemble des différents intervenants, soit à différents niveaux de responsabilité, soit dans différents pays ou régions. Pour ceux qui ont une approche systémique, la capacité à traiter en temps réel les dysfonctionnements au sein de l'équipe de coachs permet de révéler et de transformer les reflets ou processus parallèles de la dynamique de non-changement du client ; cela permet beaucoup de temps et d'énergie de gagnés, et surtout de pertinence...

Comme pour la supervision individuelle, l'éloignement, les habitudes culturelles ou tout simplement l'urgence font que *le téléphone* ou *Internet* sont des pratiques de supervision de plus en plus courantes. Les enjeux sont les mêmes qu'en face à face.

Croiser les deux ?

Certains souhaitent participer à un groupe régulier tout en bénéficiant de temps en temps d'une supervision individuelle approfondie sur un thème personnel précis. Le fait de connaître les deux permet d'affiner son choix et de l'ajuster en fonction de l'évolution de ses enjeux, et des aléas et autres imprévus de la vie professionnelle.

ETRE EN SUPERVISION À VIE ?

Encore une question qui peut fâcher... Mais attention, cela ne ressemble surtout pas à une condamnation ! Si avoir un lieu de qualité pour continuer à réfléchir sur sa pratique est un plaisir, pourquoi pas ? Même si nous sommes plus habitués à la souffrance et que nous ne nous autorisons pas toujours le plaisir.

Faire *une pause* de temps en temps et revenir avec des questions nouvelles semble aussi une option à considérer. En fait c'est, comme souvent, une question de représentation de son rôle, de son identité et de son métier.

Les différentes approches sont aussi variées que les approches de coaching. Nous vous en avons présenté quelques-unes en partie II, et nous avons donné une place particulière à l'approche systémique, avec une contribution de Jacques-Antoine Malarewicz, et à celle très complète et originale de Daniel Grosjean, qui sont deux de nos superviseurs que nous tenons à honorer particulièrement dans cet ouvrage.

Témoignage de Anne Grison

CE QUE JE TROUVE EN SUPERVISION COLLECTIVE...

• Un lieu où je peux déposer et travailler ce qui me préoccupe dans ma pratique de coach, un lieu qui m'invite et m'apprend à accueillir le regard des autres sur ma pratique ;

• la permission d'oser, l'occasion de me questionner pour me faire progresser, la possibilité de me réapproprier les basiques du métier, qu'il est bon de revisiter ;

- apprendre des autres en écoutant leurs demandes, leurs difficultés, leurs ressources et leur confiance, et en découvrant leurs compétences et leurs qualités de coach ;
- un lieu où je fais le point avec moi-même en tant que coach, qui me donne envie d'aller plus loin et qui est générateur de progrès et de perfectionnement ;
- un lieu où je me sens bien et où j'apprends.

Témoignage de Brigitte Caulliez
ME DÉVELOPPER DANS MON RÔLE DE COACH

Les journées de supervision collective répondent à mon besoin de professionnalisation pour mon activité de coaching. Au-delà des premières formations suivies depuis cinq ans (en PNL, logique émotionnelle, coaching…), cette professionnalisation est possible de plusieurs façons.

Tout d'abord, ces journées me permettent d'« évaluer » où j'en suis de ma pratique. Par exemple, suite à une séance de coaching devant le groupe, je suis ressortie plus en confiance car j'ai pris conscience de ce que je faisais qui répond bien à la démarche, et également des options pour l'enrichir. Cette prise de recul sur sa propre pratique est très difficile à faire seule face à son client et pourtant elle est nécessaire. Pendant la supervision collective, les feed-back des coachs observateurs sont très riches, car chacun a sa pratique, son approche et son analyse.

Ces journées permettent également de répondre à un point précis, à une difficulté rencontrée dans un coaching, aussi bien collectif qu'individuel. Je me souviens avoir eu une journée de supervision la veille d'une cohésion d'équipe qui m'inquiétait. Je suis repartie de la journée de supervision rassurée car j'ai pu clarifier ce qui m'inquiétait en bénéficiant d'une séance de coaching. Je suis également repartie avec des idées proposées par les autres coachs participants. Dès le lendemain j'ai pu en apprécier l'efficacité car la cohésion s'est très bien passée et le client m'a demandé d'organiser la même chose dans deux autres services !

Pour finir, ces journées collectives permettent de revisiter des basiques (l'approche systémique, les « 5 P », le questionnement, la demande…) et de partager son expérience avec d'autres coachs. Chacun développe son propre style, et c'est intéressant de pouvoir observer d'autres coachs et d'apprendre de leur pratique. Globalement ces journées sont très enrichissantes, elles contribuent à me faire sentir en confiance et à me développer dans mon rôle de coach.

Au-delà de cet objectif de professionnalisation, j'aime retrouver le groupe de coachs avec qui se créent des liens. Dans une activité majoritairement « individuelle et indépendante » ces journées développent le réseau et préviennent le sentiment de solitude.

Pourquoi changer
de superviseur ?

En fondant votre choix sur les critères que nous vous avons donnés et en revenant à ce que vous recherchez réellement, vos projets et votre ressenti, vous vous donnez une meilleure chance d'être satisfait de votre supervision. C'est comme lorsque vous choisissez le plat dont vous avez vraiment envie au restaurant : la probabilité d'en sortir satisfait est plus grande que si vous choisissez au hasard ou vous fiez aux préférences des personnes qui vous accompagnent.

Il nous semble aussi qu'un « bon » accompagnement a un début et une fin concrète, même si la durée « impartie » de cet accompagnement par le même superviseur n'est pas figée. L'idée de changer de superviseur donne, à notre avis, une dimension plus vivante et dynamique au travail en supervision.

Chaque superviseur a sa propre « signature », sa façon d'intervenir et aussi sa temporalité comme chacun de nous. C'est-à-dire une alternance entre les temps de travail et de transmission, et ceux d'acquisition et de transformation.

Et vient un jour où ce cycle se termine. Il ne se comptabilise pas en mois ou en années, mais en temps « d'intégration et de capitalisation », au rythme de chacun. Ainsi, le superviseur ressentira le moment de la séparation et de la fin de son accompagnement tout naturellement. En observant, en écoutant et en questionnant son supervisé, il saura voir l'évolution et la maturité acquise. Son objectif, son travail, son art à ce moment précis sera de valider ses perceptions, de préparer et mettre en place les conditions nécessaires à la fin de leur PACTE. En effet, comme dans tout processus, arrive le moment où c'est « fini ». Vous avez bien travaillé, bien progressé, il est temps de changer, d'aller voir ailleurs, quelqu'un d'autre avec qui continuer votre chemin.

De même, vous pouvez, dans votre parcours avec votre superviseur, avoir envie de découvrir ou de travailler un autre champ spécifique de votre métier. Il vous appartient de parler de ce nouveau projet, et de programmer ensemble la fin de votre travail commun.

Quelle que soit la façon dont votre choix a été fait, quels que soient les accords et les critères sur lesquels vous avez appuyé votre décision, pensez toujours à vous fier à votre perception et à votre connaissance de vous-même. Si vous avez l'impression d'avoir atteint vos objectifs, d'avoir terminé, trouvé ce que vous étiez venu chercher en travaillant avec « ce » superviseur, si vous avez une sensation de « plénitude », si vous avez envie d'autres choses (même si elles ne sont pas encore définies) ou encore si vous n'avez pas confiance, si vous n'avancez plus comme vous le souhaitiez, si vous ne comprenez pas ou plus ce que votre superviseur vous propose, n'hésitez pas à soulever ouvertement la question et à lui demander des réponses qui vous éclairent vraiment. Il est important d'écouter vos impressions et de ne pas hésiter à choisir un autre superviseur. Pour vous, il s'agit en outre de valider votre propre changement et votre niveau de maturité. Le superviseur travaille aussi avec sa personnalité, c'est pourquoi il est indispensable que le courant passe entre lui et vous, même si vous êtes en supervision collective. Si ce sentiment de confiance, d'envie de se lâcher ne s'instaure pas, mieux vaut changer.

Attention toutefois, votre ressenti peut changer d'une séance à l'autre : il ne faut pas confondre un moment de doute personnel avec l'évolution de la relation entre vous (superviseur, supervisé, groupe de supervision). Il est normal, au cours du temps, de ressentir des éléments contrastés : ils témoignent notamment de mouvements internes, de prises de conscience, de clarification de votre positionnement, de résistances, voire même d'évolution de vos besoins.

Enfin, pour conclure, il nous semble essentiel que vous soyez en mesure de choisir de continuer ou d'arrêter, en restant congruent et surtout en accord avec vous-même, et cela en vous exprimant clairement, avec assertivité *(affirmation tranquille)*, en disant simplement ce qui se passe en vous.

Comme nous le disions, la décision de travailler avec un superviseur est le résultat d'une démarche de réflexion parfois longue et difficile. Malheureusement, il peut arriver que, dans l'urgence, vous ayez pris le premier superviseur venu, conseillé parfois par l'un ou l'autre de vos amis, sans vous douter des importantes conséquences « heureuses ou moins heureuses » qui découleront pour vous de ce hasard.

■ CHANGEZ DE SUPERVISEUR SI...

Il vous propose un contrat interminable.
Vous avez le sentiment qu'il ne vous respecte pas.
Vous ne vous sentez pas suffisamment en confiance pour travailler certains cas et/ou poser vos questions.
Vous avez le sentiment qu'il est dans une relation de pouvoir avec vous.
Il n'accepte pas la discussion, le feed-back, l'humour.
Il vous donne l'impression de ne pas répondre à vos questions.
Vos séances de travail se transforment en thérapie.
Il vous donne des conseils hors de vos demandes.
Vous avez le sentiment qu'il essaie de vous imposer ses opinions, ses « vérités », ses généralisations, ses peurs.

Il vous donne le sentiment d'être jugé(e), à ne pas confondre cependant avec votre propre peur d'être jugé(e).
Il vous fait croire qu'il a tout compris à la vie et qu'il a réglé tout ce qu'il avait à régler.
Il utilise des techniques de manipulation et/ou n'agit pas en fonction du code de déontologie.
Il utilise des techniques douteuses, tout en vous expliquant que c'est la seule façon de vous sortir de vous-même.
Il vous impose une augmentation de ses tarifs.

▥ TEMPS ET DURÉE DU CONTRAT DE SUPERVISION

> *« Il n'y a rien de meilleur que la mesure. Ayons des biens qui ne puissent nous nuire, et assez pour suffire à un homme qui a obtenu la sagesse en partage. »*
> *Agamemnon*, Eschyle

Nous abordons, là encore, un sujet qui reste flou et à l'appréciation des acteurs. Il n'y a pas de temps déterminé pour une supervision, et cela laisse donc toute liberté dans le contrat. Cela dit, nous avons pu observer qu'en ce qui concerne la supervision individuelle ou collective, les contrats vont de quelques séances en fonction des besoins ponctuels à plusieurs années[1]. Pour certains groupes dits « ouverts », la durée peut être tout à fait aléatoire. Encore une fois, la durée du travail en supervision va essentiellement dépendre du projet, du désir, des objectifs et, bien sûr, du pacte passé entre le supervisé et son superviseur. La durée du contrat, la régularité des séances font aussi partie de la dynamique de travail de la supervision.

---

1. Voir l'interview de Daniel Grosjean, partie II chapitre 4.

La fin ou l'arrêt du contrat ne relève pas uniquement du temps passé, mais aussi de ce qui fait sens ou pas, ou plus, dans ce qui est travaillé en séance de supervision. Ce qui compte, nous l'avons dit, c'est comment sont formulées les demandes, c'est la clarté et le partage d'informations quelle que soit la décision.

Comme dans tout type d'accompagnement, il est nécessaire de « baliser » la fin du contrat, de la « parler » afin de permettre la capitalisation et l'intégration des acquis.

Témoignage de Philippe
LE CHOIX DE CHANGER DE SUPERVISEUR

Après quarante années de moyennes, très petites et très grandes entreprises, toujours dans des métiers de relation et d'accompagnement, en « gros » psychologie et en ressources humaines, j'entre dans ma quatrième année d'activité de coach. Ma supervision fut assurée en groupe les deux premières années pendant ma formation chez International Mozaik, puis deux ans de supervision *stricto sensu*, toujours en groupe avec les mêmes formateurs.

Bien que je ne ressente pas le besoin d'être supervisé en ce moment, je respecte la déontologie de notre métier qui l'exige. Je pense que cette obligation représente une police d'assurance pour moi-même et mes clients, et j'aurai toujours, de toute façon, besoin d'améliorer mon savoir-faire. Je dois donc maintenant décider de mon prochain mode de supervision et je souhaite un changement.

Je me disais que ce choix pour mon métier de coach était à la mesure du sérieux et du plaisir mis à l'exercer, mais aussi de ceux que je m'accordais à moi-même. D'où, pour prendre cette décision doublement importante, une tentation pesante à rationaliser avec des critères mesurables et des indicateurs graphiques fâcheusement compilés en tableaux Excel. S'ajoutaient les hésitations d'un choix où les conseils demandés aux uns et aux autres, le plus souvent contradictoires, étaient loin de me faciliter la tâche.

Finalement, c'est en laissant lentement s'assembler un puzzle d'influences et d'inclinations, pas vraiment terminé mais suffisamment clair, nourri d'impressions et de sentiments subjectifs peu rationalisés, à la façon d'un texte apparaissant à l'encre sympathique, avec des jugements certainement contestables pour beaucoup, que ma décision s'est peu à peu formée. J'ai fait le choix :

• d'une supervision en groupe car je m'y sens plus stimulé qu'en individuel où je crains de m'ennuyer, d'autant que j'ai déjà recours en tant que de besoin à un travail individuel en haptonomie avec un psychanalyste ;

• d'animateurs hommes plutôt que femmes pour changer des années précédentes ;

• après plusieurs rencontres, d'une personnalité ne m'étant pas nécessairement sympathique, plutôt énigmatique, au style confrontant plutôt qu'inspirant confiance spontanée et amicale. J'apprécie cependant son expérience du développement personnel et son aptitude à comprendre mon tropisme spirituel mâtiné d'ésotérisme qui n'est pas nécessairement le sien (yoga du Kundalini plutôt que la Kabbale). Nous découvrons par ailleurs que nous étions compagnons des premiers séminaires de Gestalt donnés en France. Il connaît bien le monde de l'entreprise et a une réputation (il est loué ou critiqué selon les cas) ;

• d'un *background* Gestalt, laquelle j'ai tant appréciée il y a une trentaine d'années, plutôt qu'une analyse transactionnelle rejetée comme simpliste dès son apparition quand j'étais auparavant en psychanalyse, plutôt que la PNL qui m'apparaît un peu comme une usine à gaz, plutôt que l'analyse systémique encore prématurée pour moi, plutôt que le cognitivisme pas assez corporel à mon sens, plutôt que la psychanalyse où j'ai déjà donné, plutôt que l'hypnose ericksonienne que je trouve trop intrusive, etc.

Ce choix ne m'empêche pas de continuer mes explorations d'autres méthodes d'accompagnement comme le *focusing*, la modélisation symbolique avec le *clean langage* et le *clean space*, et le *somatic experiencing*. Ces approches me passionnent car elles soulignent l'importance de la prise en compte du corps et des symboles, et se gardent d'être intrusives, deux thèmes qui m'inspirent en ce moment.

Accessoirement, les conditions logistiques du groupe et du superviseur – nombre de participants, lieu de travail, fréquence et dates, prix élevé mais acceptable, travail en arène et de tous en même temps – me conviennent bien.

Le soulagement et la satisfaction, une fois la décision prise, permettent de relativiser l'incertitude, l'impatience, la crainte de mal choisir et les hésitations de la période précédant la décision. L'ensemble constitue finalement un vrai travail intérieur bénéfique, tempérant ma tendance à la précipitation. Mon nouveau groupe de supervision entame sa première année la semaine prochaine !

Chapitre 5

Choisir autre chose que la supervision ?

■ CE QUE N'EST PAS LA SUPERVISION

Tout au long de cet ouvrage nous vous présentons ce qu'est pour nous la supervision, et combien elle nous semble utile en tant que processus d'accompagnement et de développement professionnel dans le métier de coach. Nous ne pouvons résister à vous énumérer ce qu'elle n'est pas, en tout cas dans ce champ professionnel qu'est le nôtre.

Ce n'est pas... un groupe de pairs

Bien que nous reconnaissions l'importance et la ressource qu'il représente pour chacun d'entre nous, nous pensons que le travail réalisé en groupe de pairs n'a rien à voir avec le processus et le travail de supervision. En général, c'est une production collective avec une « diffusion » de la responsabilité et, de notre expérience, la position de chacun comme contributeur empêche l'« exterritorialité », la prise de recul et de hauteur pour éclairer certaines situations.

Ce n'est pas une formation...

... Même s'il est évident que dans chaque session de supervision nous apprenons beaucoup, non pas *« via »* un processus pédagogique de formation, mais plutôt à travers une transmission orale visant un objectif opérationnel.

Le travail en supervision offre un regard professionnel avisé, un accompagnement dans la pratique de coach et le devenir professionnel. Il nécessite un haut niveau de communication.

Ce n'est pas... une thérapie...

... Même si, encore une fois, nous pouvons trouver quelques similitudes. Mais, alors que la thérapie permet de se concentrer sur des questions personnelles non résolues, la supervision invite à travailler sur des objectifs et des actions professionnelles pour aujourd'hui et demain. La thérapie se fonde sur une demande : « pourquoi ? », à la recherche de causes anciennes et dans le but d'apaiser une souffrance. La supervision se fonde sur une demande de type « comment ? », à la recherche d'une ouverture et d'un devenir professionnel grâce à une réflexion sur une pratique opérationnelle.

Ce n'est pas... une formation commerciale...

... Même si le partage de situations clients en groupe, dans un cadre permettant certaines confidences, peut donner des éléments, voire parfois quelques clés, qui débouchent sur une action commerciale. La supervision s'inscrit plus particulièrement dans l'accompagnement du développement des pratiques professionnelles au sens large. En fonction de l'habileté et de la possibilité de chacun, les pistes, les outils, les réflexions sont autant d'« options », de bénéfices secondaires susceptibles de se transformer en décision porteuse de réussite.

Ce n'est pas non plus le Café du Commerce...

... Où l'on traite de tout et de rien, depuis son nombril jusqu'à sa vision du monde. Qui de nous n'a pas assisté un jour, de façon active ou passive, à ce genre de discussion, où chacun défend son point de vue sans écouter celui de l'autre ? Cet échange, agréable « passe-temps » qui donne parfois, par sa pertinence et la justesse de ses formulations, la sensation d'un débat élevé, n'a rien à voir avec l'exigence de sens, d'objectif et de cohérence, et surtout avec le processus et la synthèse structurante qui caractérisent à nos yeux la supervision.

Chapitre 6

Comment le superviseur choisit-il son supervisé ?

Il ne s'agit pas là de faire de l'angélisme et d'ignorer les aspects marchands du choix. Bien entendu la supervision correspond à une prestation et, nous semble-t-il, à une prestation à forte valeur ajoutée pour le coach et son client. Elle implique donc une négociation commerciale et la capacité pour le superviseur d'inscrire l'action (le contrat) dans ses objectifs d'activité. Nous tenons à attirer l'attention sur la nécessaire « bonne santé » financière du superviseur lui permettant de faire un « choix » avec et hors du contrat commercial.

Le point clé de l'accord passe par la prise en compte de la demande du supervisé potentiel, l'origine et la nature de celle-ci, qui permettra ou non toutes les possibilités de souplesse et de créativité dans l'accompagnement. La demande de supervision doit engager le coach vers un désir, une ambition, et l'ouvrir vers l'inconnu, l'inouï, l'imprévu, l'inattendu, et donc bien au-delà de la compréhension d'une séance avec son client. Pour le superviseur, il est nécessaire de s'attacher à l'ensemble de ces paramètres. Sa vigilance portera sur l'« ombre » portée de la demande : *« Qu'est-ce qu'il me dit quand il me dit ce qu'il me dit ? »*

Très souvent une demande de supervision est formulée dans l'urgence (il faut que…, j'ai un cas qui…, je ne comprends plus rien, et je ne sais plus comment poursuivre avec ce client, etc.). C'est presque un « SOS dépannage » parfois, et il convient d'être vigilant pour ne pas se transformer en « pompier », au risque de se retrouver coincé en tant que superviseur dans un cadre étriqué. Dans ce type de situation, il y a urgence à pousser plus loin l'analyse de la demande ou à proposer un autre type de travail, en rappelant que la supervision est plutôt un « exercice » de déconstruction/construction et d'élaboration de pistes d'évolution professionnelles autant que personnelles. Reformuler la demande exige du temps, mais permet de créer les conditions nécessaires à un espace d'échange sur les désirs, les projets, les freins et autres éléments garants d'un « bon » accord ou pas.

Le superviseur fait habituellement ce choix à son premier entretien, que ce soit pour une supervision individuelle ou collective. Tout contrat ne peut être validé qu'une fois que chacun a eu la possibilité de « se choisir ».

Plusieurs critères permettent au superviseur de choisir d'accepter ou non de travailler avec un coach :

- la disponibilité réelle de chacun et leur engagement mutuel ;
- la combinaison entre la demande et la relation possible ;
- l'entente commune sur le cadre permettant la supervision : les « 11 P » du pacte.

■ LES « 11 P » DU PACTE

PACTE		Oui	Non
PROJET	Quelle est la nature de la demande ?		
PRÉSENCE	Comment le coach s'investit-il dans la relation ?		
PUISSANCE	Quelle est la nature de l'enjeu ?		
PERMISSION	Quel est le degré d'ouverture ?		

PROTECTION	Quelles seront les zones possibles de fragilité ?		
PARTAGE	Quel est l'engagement d'authenticité ?		
PAROLES	Quel est le niveau de l'échange ?		
PLAISIR	Quel a été le niveau de satisfaction commun de l'entretien ?		
PRIX	Comment le coach a-t-il accepté/négocié le prix ?		
PERCEPTION	Quel est le ressenti général à l'issue de l'entretien (envie ? désir ?) ?		

Accepter ou non de travailler avec quelqu'un n'est pas sans impact pour l'un comme pour l'autre. Pour le superviseur, cela implique d'être clair avec lui-même et avec le demandeur, clair sur le « pourquoi » et le « comment » du travail à venir avec bienveillance, objectivité, transparence et honnêteté.

Partie IV

Quelques propositions pour aller plus loin

« C'est là en effet un des grands et merveilleux caractères des beaux livres que pour l'auteur ils pourraient s'appeler "Conclusions" et pour le lecteur "Incitations". »
Marcel Proust

« Les brises de l'aube ont des secrets à te dire, ne te rendors pas. »
Rumi

Quelque chose de très spécial peut se développer entre deux personnes – les coauteurs de ces pages – qui se réunissent pendant des mois pour explorer et partager ce qui les passionne tout en les questionnant dans les interactions « client-coach-superviseur ».

Quelque chose d'imprévu, ni sûr ni programmé, mais qui devient possible si nous y prêtons suffisamment « attention et intention », et si nous osons parier sur son déploiement.

C'est ainsi que cela s'est passé pour nous et c'est ce que nous vous présentons dans cette quatrième partie. Dernière partie qui se veut à la fois boucle de notre projet d'écriture à deux et ouverture à ceux d'entre vous qui souhaitent contribuer à un projet plus large reliant l'ensemble des partenaires du coaching.

Si vous êtes partant, nous aurons à préciser ensemble, par la suite, le pacte qui fera vivre ce nouveau projet. Les propositions des chapitres suivants marquent notre engagement sur ce qui est essentiel pour nous aujourd'hui :

- accompagner ce qui émerge déjà autour du sujet de la supervision dans les réseaux de coachs, le soutenir, ouvrir et explorer pour aller plus loin ;
- respecter et encourager ce qui est déjà là, accroître la réceptivité de chacun aux indices subtils du nouveau, laisser partir ce qui est obsolète et créer une connexion profonde avec les valeurs et la puissance juste qui permet la cocréation.

Chapitre 1

La création de l'International Coaching Supervision Institute (ICSI)

« S'associer, c'est réunir en faisceau les volontés individuelles pour défendre une conviction commune. »
Alexis de Tocqueville

« L'homme ne peut rien faire en bien ou en mal qu'en s'associant. Il n'y a pas d'armure plus solide contre l'oppression ni d'outils plus merveilleux pour les grandes œuvres. »
Pierre Waldeck-Rousseau

▣ POURQUOI S'ASSOCIER ET CRÉER UN INSTITUT ?

Au départ, il y eut notre conviction d'écrire à deux un livre sur la supervision ; faire un panorama des pratiques, décrire ce qui se passe, exposer les différents moyens de choisir, etc. Et puis est venue la volonté d'agir pour pratiquer autrement, organiser, contribuer à l'évolution du métier. Cette volonté fit naître un projet auquel nous souhaitons aujourd'hui associer tous ceux qui partagent notre conviction : accompagner l'évolution du coaching en créant une association de superviseurs. C'est pour nous la continuité vivante de notre projet de livre.

■ SE GROUPER POUR ÉLABORER, RÉALISER ET FAIRE VIVRE UN PROJET COLLECTIF

L'idée de créer l'ICSI[1] est partie d'un constat simple ; le métier de coach évolue de plus en plus, de mieux en mieux, et le besoin de superviseurs qualifiés va aller de pair avec cette évolution.

Partant de ce constat, il devient évident que, comme pour le coaching, il est nécessaire de se rassembler et de créer un mouvement, un réseau international regroupant un corpus de compétences fort.

Concrètement, l'International Coaching Supervision Institute souhaite accompagner les superviseurs en travaillant sur la professionnalisation du métier : initier des débats, créer des rencontres, devenir partenaire de l'ensemble des fédérations et des associations du coaching.

L'Institut se veut force de propositions innovantes en rassemblant des personnalités issues d'horizons variés : professionnels de l'accompagnement, dirigeants d'entreprise, responsables des ressources humaines, médecins, sociologues, philosophes...

La richesse du projet ICSI, qui s'ajustera au fur et à mesure, sera de réunir et d'associer des savoir-faire, des compétences et des personnalités divers afin :

- d'offrir aux coachs, aux entreprises et à l'ensemble des partenaires un label de qualité ;
- d'être un représentant international de la professionnalisation de la supervision en coaching ;
- d'être une instance de dialogue et de recours ;
- d'être un rassemblement de recherches plurielles.

Alors, est-il nécessaire de créer encore une nouvelle association ? Et à quoi servira-t-elle ? Est-ce utile pour faire évoluer ce métier, pour se faire entendre, pour défendre ses intérêts, pour créer une dyna-

---

1. Contact@Internationalcoachingsupervisioninstitute.com.

mique de pensée et d'actions vivifiantes ? Nous pensons que OUI, et nous avons OSÉ profiter de ce livre pour vous la présenter. Une association, quelle qu'en soit sa vocation, n'est riche que par ses membres. Nous imaginons sa richesse et sa réussite grâce à ce que chacun en fera concrètement, ce que chacun y consacrera comme temps, y investira comme ressources à parts inégales et sans jugement ni parti pris : un engagement clair et joyeux, voilà ce que nous vous proposons.

Proposition de formation à la supervision de coachs

« Marcheur, il n'y a pas de chemin. Le chemin se fait en marchant. »
Antonio Machado

Au fur et à mesure de notre enquête et des témoignages d'autres superviseurs, nous n'avons pas eu de preuves comme quoi il existait des outils spécifiques et différents de ceux du coaching auxquels il fallait absolument se former pour pouvoir superviser des coachs. Par contre, tous s'accordaient à dire qu'ils utilisaient ces outils avec un autre état d'esprit ou une conscience élargie. Qu'est-ce qu'un « état d'esprit » et comment le modifier ? Comment élargir sa conscience consciemment ?

Le chemin de la formation à la supervision est encore à défricher. Cela nous semble une belle opportunité de proposer à des *marcheurs ayant le goût de l'aventure collective* une approche pionnière qui s'appuierait sur les recherches les plus récentes en matière d'apprentissage.

Pour se préparer à ce nouveau métier encore mal défini, le fait, pour un superviseur débutant, de participer à un groupe de formation, qui est en même temps un groupe de recherche appliquée, présente de nombreux avantages. Cela permet :

- de mener à plusieurs une réflexion approfondie sur le sens et les enjeux de la nouvelle orientation du rôle de superviseur pour soi, pour ses clients, pour la profession ;

- d'expérimenter « en laboratoire » différentes formes et approches de supervision, de les croiser, de les renouveler ;
- de se faire superviser régulièrement sur ses propres missions de supervision, et de recevoir de nombreux feed-back de praticiens en exercice et de superviseurs seniors ;
- de laisser émerger son style tout en validant et complétant ses compétences.

Aborder la transmission de la « connaissance » d'un métier est fondamental. Cette transmission doit être reliée à l'ensemble des questions que soulèvent la nature complexe de la connaissance et son apprentissage.

Une source fructueuse d'inspiration réside pour nous dans les travaux d'Edgar Morin sur *la pensée complexe comme méthode d'apprentissage dans l'erreur et l'incertitud*e, et plus précisément dans ceux sur la transmission des *sept savoirs nécessaires à l'éducation du futur*[1]. Nous reprenons ici, en l'adaptant à notre projet de recherche et d'expérimentation d'une formation à la supervision, un résumé de la synthèse qu'Edgar Morin propose dans son livre d'entretiens *Mon chemin*.

LES SEPT SAVOIRS

1. Savoir sur la connaissance en tant que telle : illusions, erreurs et limites

Au-delà du psychologique, intégrer les travaux des neurosciences qui montrent comment la structure neurologique de notre perception du monde *« comporte des risques considérables d'erreurs et d'illusions »*.

« La connaissance a des limites comme l'esprit humain a des limites, comme la raison a des limites, comme le langage a des limites. »

---

1. Edgar Morin, *Mon chemin*, Fayard, 2008.

2. Savoir sur la connaissance pertinente : contextualisation et multidimensions

Au-delà du diagnostic systémique, savoir se situer dans son contexte et, au-delà, dans l'ensemble auquel notre connaissance est rattachée : la connaissance abstraite doit être reliée à son référent concret ; il faut savoir relier symbolique, réel et imaginaire.

Révéler les diverses faces d'une même réalité au lieu de se fixer sur une seule.

Agir en reliant les parties au tout et le tout aux parties.

3. Savoir sur la condition humaine : s'ouvrir à une anthropologie complexe

La double identité humaine naturelle et métanaturelle.

L'homme en tant qu'individu, membre d'une société, membre d'une espèce.

La complexification des idées de l'*Homo sapiens* à l'*Homo faber* et à l'*Homo economicus*.

4. Savoir sur la compréhension des autres : sortir de la barbarie

Approfondir son sens de l'altérité : la compréhension intègre l'explication et, en plus, elle comporte une empathie de sujet à sujet... Elle est à la fois le moyen et la fin de la communication humaine, elle est vitale pour que les relations humaines sortent de leur état barbare.

5. Savoir sur l'identité terrienne : interdépendance et intersolidarité

L'état du monde actuel et le destin planétaire commun à tout le genre humain nous confrontent aux mêmes menaces. Construire ensemble les réponses.

6. Savoir affronter les incertitudes : connaître ses ignorances pour agir

S'attendre à l'inattendu : l'histoire humaine n'est pas linéaire, elle a été ponctuée de cataclysmes et de phénomènes imprévisibles ; de même, la physique actuelle révèle les incertitudes de l'infiniment grand et de l'infiniment petit.

Savoir modifier le développement des actions en fonction du développement des situations : devenir stratège face aux aléas, l'inattendu, l'incertain.

7. Savoir sur l'« éthique du genre humain » : complémentarité et choix

Prendre en compte les trois directions de l'éthique : personnelle, sociale et notre participation au genre humain ; ce sont des impératifs complémentaires, mais ils peuvent se trouver antagoniques. Il faut alors choisir provisoirement, puis retrouver ensuite la trinité éthique.

Ce programme est certes ambitieux. Il commence à être mis en œuvre dans les systèmes éducatifs (surtout en Amérique latine et hors de France). Il nous semble particulièrement bien adapté au domaine de l'accompagnement du changement en proposant des initiations aux ambiguïtés, aux ambivalences, à l'écologie de l'action et à l'affrontement d'inévitables contradictions… Il s'agit d'échapper à la pensée binaire et mutilante qui est partout aux commandes. Il répond aux fondamentaux du coaching. Il est à cocréer.

Chapitre 3

Au-delà de la déontologie, une éthique de la relation au quotidien

*« Pour moi l'éthique, c'est une manière de conduire ma vie ;
c'est, au-delà ou à côté de la morale qui me dicte ou non ses lois,
l'art de vivre la vie sociale de tous les jours, de vivre mon métier,
ma relation avec les autres, avec la société qui m'entoure…
L'éthique est notre compagne de tous les instants… C'est notre vie
avec les autres, face à nous-mêmes. Autant la vivre bien. Et pour cela,
il faut savoir mettre des rayons de soleil dans les ciels les
plus obscurs et prêter beaucoup d'intelligence ou de bon
vouloir aux autres, y compris ceux qui nous agacent.
C'est aussi une question d'humeur, autant qu'elle soit belle. »*

Théo Klein

La place que je veux avoir dans la société tient-elle compte de l'autre ? Puis-je être fier de mes réussites ? La supervision dépasse aujourd'hui le champ du coaching ou de la thérapie. Elle fait partie du champ plus vaste de l'accompagnement. Au cours des dernières années l'accompagnement est clairement devenu une notion qui traverse l'ensemble de la vie sociale : *« L'émergence et la diffusion de cette notion s'inscrivent dans le passage d'un modèle sociétal à un modèle de fluidité sociale. La construction d'un "vivre ensemble" devient un enjeu prioritaire*[1] *»*, dit le sociologue Jean Foucart, qui

---

1. Jean Foucart, *op. cit.*

poursuit : « *L'accompagnement devient une forme de sociabilité qui correspond à la liquéfaction des grands intégrateurs, à l'ébranlement des visées intégratives (agir sur, moyennant des outils en vue d'occuper une position). (...) Cette cassure des fondements se caractérise par la valorisation d'un individu mobile, autonome, devant se créer et créer son réseau. Dans un tel modèle, l'individu court le risque d'être confronté à sa propre insuffisance, à la difficulté de construction du lien. La réappropriation de ce terme et sa mise en scène s'inscrivent dans cet enjeu qu'est la construction du lien social.* »

Pour le sujet qui nous importe dans cet ouvrage, c'est-à-dire la façon dont cet accompagnateur qu'est le superviseur contribue à la réussite de cet enjeu social, nous souhaitons enrichir le respect du cadre strict de la déontologie du coaching d'une réflexion plus large sur l'éthique.

Le superviseur, en miroir de son client supervisé, lui-même en miroir des clients qu'il coache, n'a-t-il pas le devoir de s'interroger sur son choix de vie en société, sur son éthique, s'il veut être congruent et ne pas dire aux autres ce qu'il faut faire sans l'incarner lui-même ?

De par son étymologie, le mot « éthique » évoque pour beaucoup la capacité à respecter les mœurs du pays. Tout en partant de cette définition qui honore l'art du bien vivre ensemble, Arouna Lipschitz[1] jette un regard nouveau sur le bon usage des valeurs comme « *une liberté nourrie par la puissance des limites* » dont je voudrais rendre compte ici, car son travail très particulier sur l'usage de l'éthique dans les métiers de l'accompagnement me semble utile à notre réflexion.

Sa démarche s'inscrit à la fois :

- dans la lignée de la phénoménologie : dans la continuité d'un Sartre, d'un Paul Ricoeur ou d'un Théo Klein, en dialogue virtuel

---

1. Arouna Lipschitz, auteur et philosophe de la relation, anime avec Daniel Grosjean une supervision pour les coachs, thérapeutes, conseils et propose « *une approche initiatique des métiers de l'accompagnement* ».

avec Lévinas autour de l'idée d'assumer une totale responsabilité personnelle par rapport à la vie des autres ;

- et dans la lignée de Deleuze qui, à la suite de Spinoza, définit l'éthique comme notre pouvoir personnel : le pouvoir que j'ai de manifester mes intentions. En ce sens, dit-elle, *« mon éthique est ce que je fais réellement, tout le reste n'est qu'intentionnalité éthique et ne sait-on pas assez que l'enfer est pavé de bonnes intentions ? »*.

C'est autour de la loi d'interdépendance qui régit le vivant qu'Arouna Lipschitz rassemble ces deux lignées. L'éthique est pour elle une forme de reconnaissance de la dépendance réciproque des uns avec les autres, mais en même temps qu'elle traduit notre positionnement personnel sur le « vivre ensemble », elle manifeste notre capacité à *« marcher notre parole »*. Une parole qui se constitue à travers nos valeurs. L'éthique devient alors la résultante de notre compétence à mettre en application les valeurs qui vont nous permettre de trouver notre place dans la société, voire de réussir professionnellement, et d'être en même temps perçu comme quelqu'un d'agréable dans nos relations. Elle est notre pouvoir d'influence et de participation active et cocréative à la vie de la société à partir des valeurs que nous défendons en conscience… ou à notre insu. Notre éthique dépend donc, pour commencer, directement de notre capacité à clarifier nos valeurs, puis à les manifester.

Notons qu'il est possible dans notre société de très bien réussir avec des valeurs uniquement matérialistes (on garde quelqu'un de « rentable » pour l'entreprise, même si on ne l'estime pas). Cela revient à dire que notre éthique au sens de pouvoir personnel peut servir des valeurs négatives autant que positives, ou négatives pour les uns et positives pour d'autres… des valeurs qui, dans tous les cas de figure, révèlent nos choix de société.

Si nous choisissons de devenir quelqu'un qui prend la responsabilité d'un « vivre ensemble » dans l'harmonie, la première chose à faire est de regarder si nos valeurs sont des valeurs qui engendrent de l'harmonie autour de nous. Si ce n'est pas le cas, parce que nos systèmes de croyance, nos habitudes et autres dispositions psychiques nous en empêchent en servant de façon automatique des valeurs qui génèrent le rapport de force par exemple, il faudra mettre notre volonté à l'œuvre pour devenir cohérent et congruent avec notre intentionnalité : c'est une manière d'engager la volonté comme valeur au service de l'harmonie, du bonheur relationnel et de la prospérité que nous nous souhaitons. C'est à ce travail d'élargissement de conscience sociale que nous invite Arouna Lipschitz.

Si nous voulons accroître notre cohérence et, par voie de conséquence, notre crédibilité dans notre pratique professionnelle, dans toutes les situations où nous ne nous sentons pas bien traités, reconnus, écoutés, accueillis, compris, le protocole d'accompagnement éthique que propose Arouna Lipschitz est le suivant :

- **Douter de sa bonne conscience** : entrer en dialogue serré avec elle pour traquer les endroits où je suis sûr d'avoir raison. Se rappeler à cet endroit que ce que je ressens est tributaire de mes mémoires anciennes (réussites, échecs, blessures, schémas parentaux, culturels…), que ce que je vis n'est que le miroir de ce que je suis. On évite ainsi le rapport de force.

- **Arrêter de vouloir convaincre à tout prix** : assumer le fait que mes valeurs ne reflètent que l'endroit où j'en suis aujourd'hui. Cela fait gagner un temps fou et laisse la possibilité d'un dialogue ouvert.

- **Ne pas confondre sincérité et honnêteté** : ce que je ressens est toujours vrai, mais n'est pas « la » vérité. La clé, c'est de tenir compte du miroir que nous renvoie l'autre. Si nous n'aimons pas ce qu'il nous renvoie, alors revoyons notre façon de manifester nos valeurs, car il n'y a pas de fumée sans feu.

- **Observer l'écart qui existe entre nos valeurs déclarées et nos comportements** : cet écart se vérifie aisément dans nos relations et notre réussite professionnelle. Il s'agit, à partir de là, de prendre la responsabilité de mettre en adéquation nos valeurs avec nos intentions et nos choix de société.

- **Incarner des valeurs cohérentes avec nos choix de vie** : c'est ainsi que nous pouvons clarifier et solidifier notre identité sociale, notre façon d'être dans et avec le monde, en accord avec nos désirs profonds d'être humain et notre philosophie de vie.

En résumé, pour Arouna, l'éthique comme pouvoir personnel de *« marcher sa parole »* nous ouvre la possibilité de créer de nouveaux commencements dans nos vies, et donc de sortir plus vite de nos schémas répétitifs. Par voie de conséquence, cela nous permet d'accélérer notre évolution relationnelle et d'engager nos forces dans des réussites sociales et matérielles qui ne nous feront pas perdre notre âme.

Conclusion « provisoire »
et nouveau commencement

Et si le coaching était encore un métier du siècle dernier ? Et si le coaching du xxie siècle restait à réinventer, en lien avec les enjeux de société qui secouent la planète aujourd'hui ?

« Pour éteindre un feu, rajoutez du bois[1] », nous propose l'approche paradoxale avec sa façon subtile de traiter les questions complexes. Et si pour permettre la croissance en santé des personnes et de leurs projets, il nous fallait d'abord revenir aux fondamentaux, en renforçant ce qui est essentiel – nos racines organiques – puis en osant laisser partir ce qui nous entrave pour advenir à un nouveau commencement ? En effet, la « crise » dit souvent *« la nécessité de revenir sur ce qui fonde le lien social... le retour aux fondements »*, déclare Michel Maffesoli.

Selon les lois qui régissent la vie sur Terre, lois qui s'appliquent aussi à l'évolution de la société humaine créée par nous, les humains, tout évolue dans un processus continu de gestation, de croissance et de mort dans un retour à la source comme étape de construction future et de renaissance. Ce processus empêche l'entropie destructrice et réveille notre dynamisme. Si ce dynamisme sait se réalimenter régulièrement à notre vrai désir originel, il nous redonne de la souplesse, l'envie et surtout l'audace de renouveler ce

---

1. Giorgio Nardone, *Chevaucher son tigre*, Seuil, 2008.

qui est devenu obsolète et encombrant dans notre quotidien. Sinon, *« ce qui était genesis, jeunesse vivace et spontanée, se rigidifie en institution. La souplesse existentielle se sclérose et la vitalité s'inverse en désir de mort. Le félin vigoureux se met à ressembler à un matou châtré qui, privé de sa libido, fait de la mauvaise graisse »*, dit à sa façon imagée Michel Maffesoli.

Parions donc, pour la société comme pour les coachs, sur une naissance, ou plutôt une renaissance. Comme tout accouchement, cela ne va pas se faire sans violence. À nous d'orienter cette énergie dans le sens de la construction, plutôt que dans celui de la destruction.

De même que les progrès de la médecine ont permis l'accouchement sans douleur (ou presque), nous pouvons bousculer les vieux schémas moroses et cocréer un nouveau commencement en nous alliant avec nos superviseurs. Dans ce contexte, et si nous forçons un peu le trait, qu'il s'agisse de « coaching de confort » pour certains hauts potentiels qui ont accès à un coach comme avantage en nature, de coaching de performance dans lequel on peut se faire prendre au jeu du « toujours plus », ou encore de coaching de la dernière chance pour lequel le *pansement*[1] a remplacé l'espoir de changement, ce métier, même dans ses dérives complaisantes, a lui aussi à se renouveler en continu en revenant sans cesse à ses fondamentaux.

Nous avons fait un peu le pari de Pascal[2], ne sachant pas vraiment comment se porte le monde de la supervision. Nous parions avec « passion » que la continuité de l'évolution du métier de coach passe par une prise de conscience et un engagement dans la supervision. L'alliance des deux renforcera l'impact et l'image du coaching professionnel en entreprise. Ce qui aura comme résultat une réelle reconnaissance de ce métier en devenir, et permettra à chaque

---

1. Comme le disait Pierre Dac : *« Il est utile souvent de penser le changement plutôt que changer le pansement. »*
2. Blaise Pascal (1670), « Le Pari de Pascal » in *Pensées*, Gallimard, 2004.

coach d'être un acteur/partenaire « qui compte » pour accompagner l'évolution des entreprises d'aujourd'hui et de demain.

Pour compléter notre accompagnement vers une juste puissance en lieu et place des jeux de pouvoir destructeurs, il nous reste à ouvrir un autre champ de recherche issu des découvertes des neurosciences : explorer l'impact de la bonne santé physique et de l'équilibre énergétique et émotionnel d'une personne sur sa capacité à se lier aux autres dans des échanges constructifs et éthiques. Et cela, afin de cocréer un art de bien vivre ensemble dans la prospérité.

Annexes

Un exemple de code de déontologie pour la supervision de coaching

Ce code est utilisé aujourd'hui par le cabinet Aevolis lors des conventions qu'il passe avec ses clients. C'est un exemple de ce que pourrait être le code de déontologie des superviseurs de coachs. Au sein de l'ICSI, nous souhaitons rassembler l'ensemble des propositions qui existent actuellement dans le monde pour aboutir à un code commun reconnu internationalement.

■ LE CODE DE DÉONTOLOGIE DU SUPERVISEUR AEVOLIS[1]

Ce code est établi pour la pratique de la supervision professionnelle. Il vise à formuler des points de repères déontologiques, compte tenu des spécificités de la supervision en tant que processus d'accompagnement de coach souhaitant réfléchir, se remettre en question, comprendre et donc progresser dans l'exercice de sa pratique professionnelle et de son métier.

---

1. Ce code de déontologie a été établi en référence à notre expérience au sein du cabinet Aevolis, et s'est inspiré de plusieurs codes de professionnels de l'accompagnement (ICF, SFCoach, EMCC, SFpsy, AAEPL…).

Les devoirs du superviseur

Exercice du superviseur et compétences

Article 1 : Le superviseur s'autorise en conscience à exercer cette fonction à partir de sa formation, de son expérience et de sa supervision initiale.

Article 2 : Ses compétences sont régulièrement mises à jour, dans le cadre d'une formation au minimum de 21 heures par année dans le champ spécifique de l'accompagnement pour les professionnels de l'accompagnement (coachs).

Article 3 : Il est garant de ses qualifications particulières et définit ses limites propres, compte tenu de sa formation et de son expérience. Il refuse toute intervention lorsqu'il sait ne pas avoir les compétences requises.

Confidentialité

Le superviseur s'astreint au secret professionnel.

Supervision

L'exercice professionnel de supervision exige une supervision.

Respect des personnes et obligation de moyens

Article 1 : Conscient de son rôle, le superviseur respecte et favorise les options choisies par son client, et s'interdit tout abus d'influence.

Article 2 : Le superviseur s'appuie sur tous les moyens propres et nécessaires à permettre le développement professionnel et personnel du supervisé, y compris en ayant recours, si besoin est, à un confrère. Il informe son (ses) client(s) des modalités, des objectifs et des limites de son intervention.

Article 3 : Le superviseur n'use pas de sa position à des fins personnelles, de prosélytisme ou d'aliénation d'autrui. Il ne répond pas à la demande d'un tiers qui recherche un avantage illicite ou immoral, ou qui fait acte d'autorité abusive dans le recours à ses services.

Article 4 : Le superviseur dispose pour son exercice professionnel d'une installation convenable, pour permettre le respect du travail et de la confidentialité.

Article 5 : Dans le cas où le superviseur ne peut poursuivre sa mission (déplacement à l'étranger, maladie, accident…), il prend les mesures appropriées pour que la continuité de son accompagnement professionnel soit assurée par un collègue, avec l'accord des clients concernés, et sous réserve que cette nouvelle intervention soit fondée et déontologiquement possible.

Article 6 : Le superviseur respecte les conceptions et les pratiques de ses collègues pour autant qu'elles ne contreviennent pas aux principes généraux du présent Code ; cela n'exclut pas la critique fondée.

Article 7 : Le superviseur soutient ses collègues dans l'exercice de leur profession, et dans l'application et la défense du présent Code. Il ne concurrence pas abusivement ses collègues et fait appel à eux s'il estime qu'ils sont plus à même que lui de répondre à une demande.

Les devoirs du superviseur vis-à-vis du supervisé

Responsabilités et décisions

La supervision est une technique d'accompagnement du développement professionnel et personnel. Le superviseur et son client (individuel et/ou collectif) sont coresponsables du respect des cadres éthique et déontologique à appliquer dans leur travail. Outre les responsabilités définies par la loi commune, le superviseur a une responsabilité professionnelle. Il s'attache à ce que ses interventions se conforment aux règles du présent Code.

Demande formulée par un coach indépendant

Toute demande de supervision répond à deux niveaux de demandes : l'une formulée sur le champ de sa pratique, et l'autre sur le champ de son métier. Le superviseur laisse toute la responsabilité de ses décisions au supervisé.

Demande formulée par un coach interne

Toute demande de supervision, lorsqu'il y a une prise en charge par l'entreprise, répond à deux niveaux de demandes : l'une formulée par l'entreprise, et l'autre par l'intéressé lui-même. Le superviseur donne un feed-back sur ces deux champs, permettant au client de les développer en fonction de ses enjeux et objectifs personnels et professionnels. Le superviseur est garant de la cohérence entre la demande de l'entreprise et la demande du supervisé. Le superviseur laisse toute la responsabilité de ses décisions au supervisé.

Protection de la personne

Le superviseur adapte son intervention dans le respect des étapes de développement du supervisé.

Les devoirs du superviseur de coach interne vis-à-vis de l'entreprise

Protection des entreprises

Le superviseur est attentif au métier, aux usages, à la culture, au contexte et aux contraintes de l'entreprise pour laquelle il intervient.

Restitution au donneur d'ordre

Le superviseur ne peut rendre compte de son action au donneur d'ordre que dans les limites établies avec le supervisé et dans le cadre de la confidentialité.

Équilibre de l'ensemble du système

La supervision s'exerce dans la synthèse des intérêts du supervisé et de son entreprise.

Extraits du rapport du Strategic Steering Group publié en mars 2008

Les membres de ce groupe représentent les dirigeants des plus grandes organisations de coaching et sont responsables des accords des termes de référence ainsi que de la coordination des efforts des groupes des parties prenantes. L'adhésion au groupe comptera deux représentants (par la suite, le nombre sera réduit à un pour maintenir le fil de la discussion) pour chaque organisation :

- pour l'Association of Coaching (AC), Benita Treanor (benitatreanor@btinternet.com) ;
- pour l'Association for Professional Executive Coaching and Supervision (APECS), Jeremy Ridge (http://www.apecs.org) ;
- pour l'European Mentoring and Coaching Council (EMCC), Lise Lewis (UK.Chair.StandardsCommittee@emconcil.org) ;
- pour l'International Coaching Federation (ICF), Claire Palmer (Claire.Palmer@coachfederation.org.uk).

Le SSG s'est formé en décembre 2007, avec l'appui de chaque organisation de coaching professionnel, et se retrouvait en réunion téléphonique une à deux fois par mois, pendant une heure, dès le début du projet de recherche sur la supervision du coaching et du *mentoring*.

Le premier objectif de ce projet de recherche a été de définir le sens et les bénéfices de la supervision pour le coaching et le *mentoring* dans le cadre de la formation professionnelle continue des coachs et des *mentors*.

■ 1- LES BÉNÉFICES DE LA « SUPERVISION »

Globalement, les bénéfices de « la supervision » sont de maximiser le potentiel du coaching et du *mentoring* en renforçant ce qui marche tout en opérant des transformations. Les retours sur les bénéfices de « la supervision » peuvent être regroupés en fonction des perspectives des parties prenantes impliquées dans la pratique comme suit.

Pour le coach/*mentor*

L'évolution personnelle et professionnelle continue :

* encourage et facilite l'étude et la formation continue et, par conséquent, améliore la pratique, rend le travail en individuel et en organisme plus efficace et éthique, notamment lors des moments critiques et des impasses ;
* crée un environnement apprenant en réseau et permet de rester à jour sur les meilleures pratiques ;
* identifie les forces clés du coaching aussi bien que ses points morts et les champs à développer ;
* permet de demeurer honnête et courageux en assumant la responsabilité de sa propre intégrité ;
* augmente la connaissance et la confiance en soi, en ses compétences et ses capacités ;
* favorise la cohérence et les niveaux professionnels ;
* rend ouvert à l'étude dans un cadre sûr, dans la confiance, en gardant la croissance pour objectif.

Une pratique de la réflexion :

- apporte la perspective de l'autre sur son travail ;
- ouvre à des questions qui permettent au coach de réfléchir à ses théories et suppositions dans la pratique ;
- offre un retour objectif sur la pratique qui permet au coach de mieux comprendre à la fois le système client et lui-même comme une partie du système client-coach/*mentor* ;
- stimule l'opportunité d'amener le changement et la transformation chez le coach/*mentor* ;
- se concentre sur la pratique elle-même et le travail du coach/ *mentor* en utilisant l'étude expérimentale comme, moyen de générer de nouvelles perspectives et aperçus en collaboration ;
- permet de prendre du recul sur sa pratique, de jeter un regard neuf sur les situations et d'identifier les points faibles de son travail ;
- est l'outil principal de l'apprentissage, où « le superviseur » favorise une réflexion ouverte et honnête, et où le coach/*mentor* présente et réfléchit sur son travail dans la transparence ;
- est un endroit où reconnaître, discuter et adresser des points d'éthique et des dilemmes.

Le soutien :

- aide à faire face à des défis/difficultés, par exemple quand le coach se sent « coincé » ou que son client se trouve « coincé » dans une impasse ;
- prévient l'isolement et l'épuisement ;
- renforce la confiance et est affirmant ;
- fête le travail bien fait en coaching et en *mentoring* ;
- aide à reprendre le travail rechargé avec une gamme d'interventions enrichie ;
- renforce la prise de conscience de son travail, son bien-être et son développement ;
- supporte grâce à la gestion des lignes de démarcation.

Le développement de la pratique :

- rend le coach/*mentor* plus commercialisable (une approche professionnelle pour maintenir les niveaux d'excellence) ;
- permet de conserver le « droit de pratiquer » en interne en tant que coach.

Pour la supervision de groupes et de pairs :

- d'autres perspectives sont offertes ;
- possibilité de réduction des coûts ;
- développement d'un réseau de soutien.

Pour le bénéficiaire du coaching ou du *mentoring*, la supervision :

- offre sécurité et protection, et assure, dans la mesure du possible, qu'il reçoit le meilleur service possible de sa relation avec son coach/*mentor* ;
- permet de toujours mettre l'accent sur l'amélioration de la qualité de service qu'il reçoit ;
- facilite une amélioration de l'offre de coaching/*mentoring* ;
- crée plus de coaching effectif ;
- crée une modélisation de prise de conscience de soi et des meilleures pratiques ;
- professionnalise autant que possible l'expérience de coaching.

Pour les fournisseurs de services de coaching et de *mentoring*, la supervision :

- assure aux parties prenantes en général, et aux employeurs de coachs et de *mentors* en particulier, que leurs prestataires travaillent avec éthique, compétence et sont prêts à continuer à apprendre et à se développer ;
- propose un forum de responsabilisation pour un travail de qualité.

Pour les organisations acheteuses (qui utilisent les services de coachs et de *mentors*), la supervision :

- les aide à maximiser le potentiel de leur investissement (en temps, argent, budget d'entreprise, effort/sacrifice personnel) en rendant des comptes, en ayant une conscience éthique et en aidant les coachs et les *mentors* à servir plus profondément les buts organisationnels ;
- maintient et développe les cultures de coaching, ainsi qu'une source importante de connaissances d'organisation ;
- assure que les besoins de tout le système client sont satisfaits et qu'il y a un retour sur investissement grâce à des « travailleurs » utilisant : une formation et un développement personnel/professionnel, le changement de type II, l'affinage de la qualité de leur service, la contribution de cadres dans les arrangements du processus, et des coachs et des *mentors* en interne et en externe assurant de la qualité du coach/*mentor* ;
- assure l'étude organisationnelle résultant de la prise en compte de thèmes collectifs en émergence ;
- assure que le coach suit des codes éthiques et qu'il est accompagné ;
- assure que ses intérêts sont pris en compte.

Pour la profession de coaching/*mentoring* en essor, la supervision :

- accroît la crédibilité du coach/*mentor* lui-même, et par là celle de la profession entière ;
- rehausse la possibilité de référer – de nombreuses organisations réclament un coach externe lui-même en supervision.

Ainsi :

- « les superviseurs » se sentent responsables du maintien des normes professionnelles, et de la surveillance des limites sensibles de l'éthique et des bornes (par exemple en s'assurant que le coach/*mentor* souscrit à un code d'éthique, est couvert par une indemnité d'assurance pour son travail, respecte les limites professionnelles, etc.) ;

- « les superviseurs » se voient comme garants de la profession avec un sens très profond d'une meilleure qualité de service pour les clients individuels et organisationnels.

Pour le système élargi, la supervision :

- aide les coachs et les *mentors* à réfléchir plus largement sur leur travail, leur contribution au développement du potentiel et des talents pour permettre des systèmes plus efficaces.

Pour le « superviseur » :

- grâce à ses échanges avec des praticiens expérimentés, des coachs et des *mentors* internes et externes, aussi bien dans des situations de la vie courante qu'en entreprise il peut approfondir son expérience et ses connaissances.

Un autre des objectifs de ce projet de recherche était de poser les bases d'une définition des compétences de la supervision de coaching et de *mentoring. Le SSG a regroupé les compétences définies par les groupes de travail. « Nous estimons que ce qu'il y avait en commun a été saisi ci-dessous tout en reconnaissant que le détail de la deuxième partie du document final du retour du groupe des parties prenantes va plus en profondeur pour ce qui est du travail à venir. »*

■ 2- LES COMPÉTENCES DU SUPERVISEUR PROPOSÉES SONT...

Poser le cadre et établir le contrat de la relation de supervision, ou établir un contrat/accord de supervision

- Établir un contrat clair de relation de supervision en prenant en compte le champ d'application de la confidentialité et de ses variations dans une relation de supervision, et la responsabilité du superviseur à assurer l'éthique de la pratique.
- Identifier les besoins d'apprentissage du supervisé.
- Négocier un accord provisoire avec le(s) supervisé(s) qui inclut les responsabilités du coach, ce qui est et ce qui n'est pas approprié dans la relation de supervision.
- Établir des contrats tripartites, quadripartites, ou de groupe le cas échéant.
- S'accorder et planifier le rythme des sessions de supervision ainsi que leurs structures pour que le travail du supervisé soit plus efficace.
- Établir des critères appropriés pour évaluer superviseur et supervisé, et offrir des opportunités d'évaluation.
- Être capable d'expliquer ce qu'est la « supervision » et en quoi cela diffère du coaching et du *mentoring*.

Gestion et maintien du processus de supervision

- Contrôle et évalue avec le supervisé la relation entre le superviseur et le supervisé pour vérifier que l'alliance de travail est efficiente.
- Assure que les attentes du client et du parrain (le cas échéant) sont entendues et convenues.
- Surveille le processus de supervision et les constituantes variables dans les limites du possible au sein de la relation d'apprenance et de supervision.

- Revoit et renégocie le contrat de travail si besoin est.

- Prend en compte les parcours d'étude empruntés par le superviseur et le supervisé, et est en mesure d'assortir les interventions de supervision au stade de développement du supervisé.

- Aide le supervisé à devenir plus sûr de lui en le soutenant et en l'encourageant activement.

- Recommande d'éventuelles interventions supplémentaires si besoin est (par exemple une formation, une aide psychopédagogique, etc.).

- Fait des retours constructifs pour faciliter l'apprentissage du supervisé.

- Confronte les transferts éventuels dans la relation de supervision.

- Rédige des rapports, si nécessaire (pour une formation ou autre institution tel qu'il a été convenu dans le contrat de supervision).

Faciliter l'apprentissage pour assurer une plus grande efficacité des pratiques de coaching/*mentoring*

- Faciliter l'apprentissage par l'expérience pour soutenir le développement du supervisé :
  - conscience et éclairages – aide à découvrir comment pensées, croyances, perceptions, émotions influent sur sa pratique de coaching ;
  - capacités de réflexion ;
  - autocoaching/capacité à apprendre à apprendre ;
  - capacité à donner et à recevoir un feed-back ;
  - autoévaluation réaliste ;
  - intelligence émotionnelle.

- Savoir créer un espace sûr pour la réflexion.

- Pouvoir évaluer à partir de quel niveau de compétence le supervisé est protégé par rapport à ses clients dans l'exercice de son travail.

- Encourager la créativité et l'expérimentation.
- Confronter à propos.
- Proposer de nouveaux modèles, structures, idées et outils d'apprentissage en temps voulu.
- Donner un feed-back :
  - capacité d'observation et de pouvoir faire un retour avec une compassion sans peur dans l'instant présent ;
  - écouter un travail et savoir l'évaluer à la demande, selon des critères déjà convenus.
- Démontrer ses compétences de communication avancées :
  - volonté de changer le supervisé en le faisant travailler hors de ses zones de confort dans un environnement sûr ;
  - capacité à poser des questions puissantes qui suscitent la découverte, une nouvelle vision, l'engagement ou l'action ;
  - écoute de ce qui est dit et ce qui n'est pas dit.
- Être capable de travailler en méta avec des perspectives multiples, et de pouvoir partager une vision en élévation.
- Créer un changement dans la salle en aidant le supervisé à s'entraîner à dire ou faire comme partie intégrante de la supervision avec ce que cela comporte de soutien et de confrontation dans l'immédiat, et en l'encourageant à rendre des comptes et à passer à l'action.

Aiguiser la conscience éthique efficiente et la sensibilité avec la gestion de lignes de démarcation pour une pratique de coaching/ *mentoring* efficace et éthique

- Aider le supervisé à explorer les défis éthiques, les limites entre son travail et d'autres professions/disciplines, et à prendre des décisions éthiques.
- Opérer dans les limites de ses compétences et référer le supervisé à un autre professionnel si les compétences de celui-ci sont potentiellement plus étendues.

- Renforcer la capacité du supervisé à réfléchir à son positionnement éthique pour mieux appréhender les dilemmes éthiques dans son coaching et à agir en conséquence.

- Encourager le supervisé à appartenir à un organisme professionnel, avoir une assurance de compensation, suivre une formation professionnelle continue et souscrire à un code éthique.

- Assurer un contrôle de qualité et maintenir un niveau d'excellence dans la profession de coaching.

- Accroître la prise de conscience chez le supervisé de la congruence entre ses actions et sa pratique telle qu'il l'a professée.

- Accompagner le supervisé dans sa réflexion autour des aspects systémiques/contextuels/organisationnels de la problématique, de leurs impacts sur son travail et sur lui-même.

- Intervenir avec pertinence quand des considérations d'ordre éthique sont un enjeu (qui contacter ?, quand les contacter ?, etc.).

- Prendre conscience de sa propre culture, genre, orientation sexuelle, milieu, *a priori*, valeurs, croyances, mentalité, expérience, préjugés et autres domaines de différence individuelle ; aider les supervisés à prendre en compte ces éléments et l'impact qu'ils pourraient avoir sur leur travail et sur eux-mêmes.

- Connaître les responsabilités juridiques et morales du superviseur.

Comportements types pour exercer les activités ci-dessus avec efficacité

- Respect des modèles, acceptation des différences, ouverture et curiosité sur l'enjeu de ce qui se passe dans la relation superviseur/supervisé/client.

- Établit la confiance tout en créant un environnement d'apprenance confrontant et stimulant.

* Capacité à assumer autorité et pouvoir en les exerçant de façon responsable et avec discernement.
* À l'aise pour poser et respecter les bornes dans la relation de supervision.
* Ouvert aux retours, dont ceux qui se prononcent sur ce qui est ou n'est pas aidant dans la supervision.
* Prêt à prendre des risques, ouvert aux possibilités de ne pas savoir, de se tromper et d'avoir raison.
* Ouvert à l'expérimentation et à l'exploration de nouvelles pistes dans ses propres démarches.
* Fait preuve d'engagement par rapport à la supervision et à sa propre formation professionnelle continue.
* Réfléchit activement à l'effet de ses propres valeurs, connaissances, expériences et présomptions sur ses capacités de coach/*mentor* et de superviseur.
* Est prêt à travailler avec des émotions fortes, est capable de s'autoréguler, de ne pas se laisser prendre par les émotions du supervisé, et d'offrir un soutien émotionnel.
* Capacité à gérer et contenir l'anxiété.
* Démontre une pratique réflexive.
* Capacité à reconnaître des processus parallèles et à travailler avec, à remarquer les angles morts et les schémas comportementaux en soi et chez le supervisé, et à utiliser ces observations pour renforcer les pratiques de coaching du supervisé.
* Capacité à travailler avec son intuition et ses tripes.

Travailler efficacement avec des groupes pour des superviseurs de groupes

* Compétence de gestion de dynamique de groupe et capacité à faciliter le développement du groupe de supervision en lui faisant prendre conscience des étapes par lesquelles il est en train de passer.

- Volonté de remarquer et de nommer ce qui se passe dans le groupe, et explorer comment cela pourrait affecter le processus de supervision, les membres du groupe et les autres parties prenantes.
- Pour la supervision de groupe, être conscient des processus de groupe et savoir quand et comment intervenir à bon escient.
- Compréhension des dynamiques de groupe.

La base de connaissance (au-delà de celle du coach/*mentor*)

- Théories multiples/modèles de supervision.
- Théorie des systèmes (par exemple l'entreprise, la famille, etc.).
- La théorie de l'apprentissage et son application à la supervision.
- Le comportement humain – la psychologie.
- Le cadre juridique du domaine.
- Les principes de l'éthique.
- La compréhension du « comment se produit le changement en soi et chez les autres ».

La déontologie de la SFCoach

■ PRÉAMBULE

Ce code est établi par la Société française de coaching exclusivement pour la pratique du coaching professionnel. Il est opposable à tous membres de la Société française de coaching. Il vise à formuler des points de repères déontologiques, compte tenu des spécificités du coaching en tant que processus d'accompagnement d'une personne dans sa vie professionnelle. Ce code de déontologie est donc l'expression d'une réflexion éthique : il s'agit de principes généraux. Leur application pratique requiert une capacité de discernement.

■ TITRE 1 - DEVOIRS DU COACH

Art. 11 -   *Exercice du coaching*. Le coach s'autorise en conscience à exercer cette fonction à partir de sa formation, de son expérience et de sa supervision initiale.

Art. 12 -   *Confidentialité*. Le coach s'astreint au secret professionnel.

Art. 13 -   *Supervision établie*. L'exercice professionnel du coaching nécessite une supervision. Les titulaires de la Société française de coaching sont tenus de disposer d'un lieu de supervision et d'y recourir à chaque fois que la situation l'exige.

Art. 14 -   *Respect des personnes.* Conscient de sa position, le coach s'interdit d'exercer tout abus d'influence.

Art. 15 -   *Obligation de moyens.* Le coach prend tous les moyens propres à permettre, dans le cadre de la demande du client, le développement professionnel et personnel du coaché, y compris en ayant recours, si besoin est, à un confrère.

Art. 16 -   *Refus de prise en charge.* Le coach peut refuser une prise en charge de coaching pour des raisons propres à l'organisation, au demandeur ou à lui-même. Il indique dans ce cas un de ses confrères.

▣ TITRE 2 - DEVOIRS DU COACH VIS-À-VIS DU COACHÉ

Art. 21 -   *Lieu du coaching.* Le coach se doit d'être attentif à la signification et aux effets du lieu de la séance de coaching.

Art. 22 -   *Responsabilité des décisions.* Le coaching est une technique de développement professionnel et personnel. Le coach laisse de ce fait toute la responsabilité de ses décisions au coaché.

Art. 23 -   *Demande formulée.* Toute demande de coaching, lorsqu'il y a prise en charge par une organisation, répond à deux niveaux de demande : l'une formulée par l'entreprise et l'autre par l'intéressé lui-même. Le coach valide la demande du coaché.

Art. 24 -   *Protection de la personne.* Le coach adapte son intervention dans le respect des étapes de développement du coaché.

▣ TITRE 3 - DEVOIRS DU COACH VIS-À-VIS DE L'ORGANISATION

Art. 31 -   *Protection des organisations.* Le coach est attentif au métier, aux usages, à la culture, au contexte et aux contraintes de l'organisation pour laquelle il travaille.

Art. 32 -   *Restitution au donneur d'ordre.* Le coach ne peut rendre compte de son action au donneur d'ordre que dans les limites établies avec le coaché.

Art. 33 -   *Équilibre de l'ensemble du système.* Le coaching s'exerce dans la synthèse des intérêts du coaché et de son organisation.

▪ TITRE 4 - DEVOIRS DU COACH VIS-À-VIS DE SES CONFRÈRES

Art. 41 -   *Utilisation abusive de l'appellation SFCoach.* Seuls les titulaires peuvent utiliser l'appellation SFCoach. Un adhérent ne pourra utiliser l'appellation SFCoach qu'après sa titularisation.

Art. 42 -   *Obligation de réserve.* Le coach se tient dans une attitude de réserve vis-à-vis de ses confrères.

▪ TITRE 5 - RECOURS

Art. 51 -   *Recours auprès de la SFCoach.* Toute organisation ou personne peut recourir volontairement auprès de la Société française de coaching en cas de manquement aux règles professionnelles élémentaires inscrites dans ce code ou de conflit avec un coach de la SFCoach.

Le code de déontologie de l'European Mentoring and Coaching Council (EMCC)

INTRODUCTION

Le Conseil européen du *mentoring* et du coaching (EMCC) a été créé de façon à ce que la relation de coaching/*mentoring* se fasse dans les meilleures conditions et dans le respect des plus hauts standards, quelle que soit la forme donnée à cette relation, afin que l'environnement du coaching/*mentoring* offre la garantie des meilleures possibilités d'apprentissage et de développement.

OBJECTIF

Le présent code de déontologie fixe ce que les clients et commanditaires sont en droit d'attendre d'un coach/*mentor* dans le cadre d'une relation de coaching, de *mentoring*, de formation ou de supervision. Il doit constituer la base de tout accord entre les parties.

Tous les membres de l'EMCC acceptent les principes et les objectifs de l'EMCC. Il se peut toutefois que des membres ne respectent pas dans tous les cas ces principes déontologiques. C'est pourquoi l'EMCC a mis en place une procédure de recours permettant d'examiner toute infraction audit Code par l'un des membres.

Tous les membres de l'EMCC s'engagent à indiquer l'existence de ce code à l'organisation commanditaire et au client dès la phase de contrat.

▦ TERMINOLOGIE

Le terme « coaching/*mentoring* » est utilisé pour décrire tous types de coaching et de *mentoring* pouvant intervenir dans un cadre professionnel ou personnel. L'EMCC reconnaît l'existence de nombreux types de coaching et de *mentoring*, et une définition de leurs diverses formes s'avérera nécessaire lorsque des normes plus détaillées auront été produites.

Le terme « client » fait référence à toute personne utilisant les services d'un coach ou d'un *mentor*. Nous estimons que le terme « client » peut être remplacé par tout autre terme pouvant sembler mieux approprié aux parties impliquées dans la relation de coaching/*mentoring*, à savoir par exemple « collègue », « partenaire », « coaché » ou « mentoré ».

Il s'entend que, dans certains cas, le coach/*mentor* peut avoir deux « clients », à savoir l'individu coaché et l'organisation commanditaire du coaching/*mentoring*. Dans le présent code, nous avons choisi d'utiliser le terme de « commanditaire » pour le second afin de les différencier.

Les termes « supervision » et « superviseur » font référence au processus de suivi du travail du coach ou du *mentor*, travail permettant à ce dernier de bénéficier de l'avis ou du conseil d'un pair qualifié. Même si la terminologie est identique, le processus peut être considérablement différent de ce qu'il est dans d'autres professions, telles que la psychothérapie et le conseil.

■ CODE

Le coach/*mentor* reconnaît la dignité de tout être humain. Il se conduit de façon à respecter les différences de chacun et à donner à tous des possibilités identiques.

La responsabilité première du coach/*mentor* consiste à garantir le meilleur service au client et à agir de façon à ne faire aucun tort ni au client ni au commanditaire.

Le coach/*mentor* s'engage à garder en toutes circonstances sa dignité, son autonomie et sa responsabilité individuelle.

Le code de déontologie de l'EMCC couvre les aspects suivants :

- la compétence ;
- le contexte ;
- la gestion des limites ;
- l'intégrité ;
- le professionnalisme.

Compétence

1) Le coach/*mentor* :

- garantit que son niveau d'expertise et de connaissances lui permet de répondre aux besoins du client ;
- garantit qu'il est à même d'agir conformément au présent code de déontologie et aux normes qui peuvent en découler ;
- s'engage à faire évoluer sa pratique et à améliorer sans cesse son niveau de compétence en suivant régulièrement des formations appropriées et en participant à des activités organisées par la profession. Il garde une relation avec un superviseur de qualité lui permettant d'évaluer régulièrement ses compétences et d'en assurer l'évolution. Le superviseur est tenu au respect de la confidentialité à laquelle il est fait référence dans le présent code. Le terme « superviseur de qualité » est défini dans le document relatif aux normes de l'EMCC.

Contexte

2) Le coach/*mentor* :

- s'engage à ce que la relation de coaching/*mentoring* reflète le contexte dans lequel s'effectue le coaching/*mentoring* ;
- veille à ce que les attentes du client et du commanditaire soient bien prises en compte, et à ce que le client et le commanditaire aient eux-mêmes bien compris de quelle façon il serait répondu à ces attentes ;
- vise à créer un environnement favorable à l'apprentissage pour le client, le coach/*mentor* et le commanditaire.

Gestion des limites

3) Le coach/*mentor* :

- s'engage à travailler en toutes circonstances dans les limites de ses compétences, à reconnaître les cas dans lesquels le travail dépasse le cadre de ses compétences et à mettre alors le client en contact avec un coach/*mentor* plus expérimenté, ou à aider le client à rechercher l'aide d'un autre professionnel, tel qu'un conseil, un psychothérapeute ou un conseiller juridique ou financier ;
- est conscient du risque de conflits d'intérêts de nature commerciale ou affective pouvant découler de la relation de coaching/*mentoring*, et s'engage à les régler de façon rapide et efficace pour que cela ne porte aucun préjudice ni au client ni au commanditaire.

Intégrité

4) Le coach/*mentor* :

- respecte le niveau de confidentialité approprié et convenu au démarrage de la relation ;
- ne divulgue des informations qu'après accord exprès du client ou du commanditaire (le cas échéant). Le coach/*mentor* peut

toutefois sortir de la confidentialité s'il estime qu'il y a une preuve de danger sérieux pour le client ou pour des tiers en cas de non-divulgation de l'information ;

- agit dans le cadre légal et n'encourage en aucune façon une conduite malhonnête, déloyale, non professionnelle ou discriminatoire, pas plus qu'il n'apporte son assistance ou son soutien à des personnes engagées dans des pratiques de cette nature.

Professionnalisme

5) Le coach/*mentor* :

- répond aux besoins de son client en matière d'apprentissage ou de développement, conformément au programme prévu dans le cadre de la relation de coaching/*mentoring* ;

- n'exploite le client en aucune façon, ni financièrement, ni sexuellement ni professionnellement dans le cadre de la relation établie, cette liste n'étant toutefois pas limitative. Le coach/*mentor* s'assure que la durée du contrat de coaching/*mentoring* ne dépasse pas le temps nécessaire pour le client/le commanditaire ;

- s'engage à respecter ses responsabilités de professionnel même lorsque la relation de coaching/*mentoring* est terminée. Cela inclut :
  - le respect de la confidentialité convenue pour toutes les informations liées aux clients et aux commanditaires ;
  - la non-exploitation de la relation ayant existé ;
  - l'apport de tout suivi sur lequel les parties se sont mises d'accord ;
  - la conservation en lieu sûr de tous les documents et informations y relatifs ;

- fait preuve de respect vis-à-vis des différentes approches de coaching et de *mentoring* et vis-à-vis des autres professionnels ;

- ne fait jamais état de travaux ni d'opinions de tiers en les prétendant siens ;
- veille à ce que toute revendication de compétences, de qualifications ou d'accréditation professionnelles soit clairement et précisément expliquée aux clients potentiels et à ce qu'il ne soit pas fait explicitement ni implicitement état d'aucune référence erronée ou trompeuse dans un quelconque document imprimé.

Bibliographie

Michael Balint et Jean-Paul Valabrega, *Le Médecin, son malade et la maladie*, Payot, 1996.

Wilfred Ruprecht Bion, *L'Attention et l'Interprétation : une approche scientifique de la compréhension intuitive en psychanalyse et dans les groupes*, Payot, 1990.

Joseph Campbell, *Le Héros aux mille et un visages*, Oxus, 2010.

John Emerich Dalberg, *Historical Essays and Studies*, Kessinger Publishing, 2007.

Danièle Darmouni, *L'Art du devenir*, ouvrage collectif du réseau international Mozaik, à paraître en 2010.

Danièle Darmouni et Margaret Krigbaum, « The Heart of Cross-Cultural Creation » in *The Routledge Companion to International Business Coaching*, de Michel Moral et Geoffrey Abbott, Routledge, 2009.

Jean Foucart, « Accompagnement et transaction : une modélisation théorique », *Pensée plurielle*, 2008/1, N° 17, pp. 113-134.

Philippe Gabilliet, « Lettre à un jeune DRH », in *Gestion des Ressources Humaines : regards croisés en l'honneur de Bernard Galambeaud*, Economica, 2004.

Daniel Grosjean et Jean-Paul Sauzède, *Trouver la force d'oser*, InterÉditions, 2006.

René-David Hadjadj, *Le Marketing du coach*, Eyrolles 2009.

Pierre Hadot, *Qu'est-ce que la philosophie antique ?*, Gallimard, 1995.

Pierre Hadot, *Plotin ou la simplicité du regard*, Gallimard, 1997.

Pierre Hadot, *Éloge de Socrate*, Allia, 1998.

Pierre Hadot, *La Philosophie comme manière de vivre : entretiens avec Jeannie Carlier et Arnold I. Davidson*, Albin Michel, 2001.

Pierre Hadot, *Exercices spirituels et philosophie antique*, Albin Michel, 2002.

Paule Lebbe-Berrier, *Supervisions éco-systémiques en travail social : un espace tiers nécessaire*, Érès, 2007.

Arouna Lipschitz, *Dis-moi si je m'approche*, Éditions Souffle d'Or, 2003.

Michel Maffesoli, *Apocalypse*, CNRS Éditions, 2009.

Jacques-Antoine Malarewicz, *Systémique et entreprise*, Village Mondial, 2000.

Jacques-Antoine Malarewicz, *Réussir un coaching grâce à l'approche systémique*, Village Mondial, 2003.

Jacques-Antoine Malarewicz, *Gérer les conflits au travail*, Village Mondial, 2004.

Jacques-Antoine Malarewicz, *Affaires de famille : comment les entreprises familiales gèrent leur mutation et leur succession*, Village Mondial, 2006.

Jacques-Antoine Malarewicz, *Les Personnalités difficiles en entreprise : analyse et solutions*, Village Mondial, 2009.

Carlo Moïso et Michele Novellino, *Analyse transactionnelle : retour aux sources*, Les Éditions d'Analyse Transactionnelle, 2004.

Edgar Morin, *Mon chemin*, Fayard, 2008.

Giorgio Nardone, *Chevaucher son tigre*, Seuil, 2008.

Maela Paul, *L'Accompagnement : une posture professionnelle spécifique*, L'Harmattan, 2004.

Platon, *Apologie de Socrate*, Hatier, 2007.

Platon, *Œuvres complètes*, Flammarion, 2008.

Joseph Rouzel, *La Supervision d'équipes en travail social*, Dunod, 2007.

Éric-Emmanuel Schmitt, *L'Évangile selon Pilate*, Livre de Poche, 2002.

Jacques Sédat, « La Place du contrôle dans l'histoire du mouvement psychanalytique », exposé prononcé au séminaire des membres d'Espace analytique, le 25 mars 2007.

Index

Remerciements

Nos premiers remerciements vont à nos amis superviseurs qui ont contribué à faire de cet ouvrage une cocréation collective internationale : Philip Brew, Daniel Grosjean, Margaret Krigbaum, Arouna Lipschitz, Jacques-Antoine Malarewicz, tous les membres du Strategic Steering Group (annexe 2).

Ainsi qu'à Anne, Brigitte, Hector, Monique, Octave, Pamela, Philippe, Raymond, pour avoir accepté de partager leurs expériences de la supervision. Leurs témoignages ont enrichi nos propos et ce livre. À nos clients, coachs, pairs, que nous avons rencontrés en étant *« possiblement* [1] *»* dans la bonne posture, avec qui nous avons eu la chance de faire un bout de chemin, qui nous ont appris le métier et nous ont fait grandir professionnellement et humainement.

Nous tenons aussi à remercier nos collègues, nos amis et nos familles pour leur confiance, leur bienveillance et leurs encouragements répétés tout au long des quatorze mois de rédaction... Nous en avons eu bien besoin.

Une gratitude particulière à Pascale, Michèle, Stéphanie et Pierrick, qui ont vaillamment tenu bon dans la tenue d'un agenda complexe, rendu chaotique par les affres de la création... Mille mercis pour votre patience infinie.

---

1. Petit clin d'œil à Carlo Moïso, c'était un de ces mots préférés.

Un grand merci à Léa qui, par ses relectures avisées, nous a soutenus chaleureusement et fermement dans les deux derniers mois afin que nos écrits désordonnés prennent la forme d'un manuscrit digne de ce nom tout en préservant l'essentiel de ce que nous souhaitions dire et notre style. Bravo !

Aux éditions Eyrolles, et surtout à Élodie Bourdon, notre éditrice, qui nous a fait confiance et à son équipe qui, par la précision de leurs questions et commentaires, nous ont permis de rehausser la qualité de nos propos.

Merci enfin à tous ceux, très nombreux, dont les œuvres nous ont nourris depuis des années et nous ont permis d'élaborer une pensée sur ce métier et sur le monde… Sans oublier Socrate, Platon, Balint, Freud… Et tous les autres, connus ou inconnus, qui ont, d'une manière ou d'une autre, façonné ce que nous réussissons à être aujourd'hui.

Nous remercions enfin l'un, l'autre d'avoir fait ce voyage ensemble, d'avoir pu revisiter nos pratiques, nos réflexions et nos rêves sur la supervision. Ce cheminement ensemble a encore renforcé notre alliance et notre amitié, et surtout nous a donné l'envie de continuer l'aventure.